シリーズ「遺跡を学ぶ」165

古代出羽国の対蝦夷拠点 払田柵跡

吉川耕太郎

新泉社

古代出羽国の対蝦夷拠点
—払田柵跡—

吉川耕太郎

【目次】

第1章　謎の城柵の発見

1　姿をあらわした城柵

田んぼの中の角材列

秋田県の内陸部に位置する日本最大の盆地、横手盆地北部に水田の広がる高梨村（現・大仙市）や千屋村（現・美郷町）（図1）では、昔から田んぼの中から杉の角材がみつかることがあった。一九〇二年（明治三五）の秋から翌年春にかけて耕地整理の作業中に、その杉の角材が、何本も刺さったような状態で列をなして、つぎつぎと姿をあらわしたのである。目の詰まったよい木材だったので、不思議に思いながらも人びとはそれで下駄や家具をつくっていた（図2）。どうして水田の中にこんなにいい角材が、大量に埋まっていたのだろうか。

この角材列の正体をつきとめたのは、後藤宙外である（図3右）。宙外は高梨村払田の出身で、東京専門学校（現・早稲田大学）に学んだのち、東京で小説家、評論家、編集者として活

図1 ● 払田柵跡（東より）
手前が政庁のある長森（ながもり）丘陵、奥が真山（しんざん）。旧仙北町内でもっとも標高の高い山だったという。平安宮からはるか北方に建てられた、整然としたつくりの巨大城柵に立つと、当時の律令国家のエネルギーに驚嘆させられる。

躍後、帰郷し、隣町の六郷町（現・美郷町）で町議会議員、町長を務めるかたわら、郷土史研究に情熱を注いでいた。

水田からみつかったおびただしい角材を目のあたりにした宙外は、水田の排水溝内に露出している柵木を実見したり、地元住民に聞きとりをおこなったりして踏査を重ね、この角材の列は、奥羽地方の古代史にみえる「城柵（じょうさく）」なのではないかと考えた。そして一九二九年（昭和四）、所在地の字名から「払田（ほったの）柵跡（さくあと）」と命名し、「仙北郡高梨村拂田柵址略図」を作成した（**図3左**）。「払田柵」という名は、発見された地名に由来するもので、そういう名前の古代城柵があったわけではない。

図2●柵木で作られた茶簞笥
明治時代の製作か。古代の天然杉は良質なものが多く、家具などに用いられることもあったという。

発掘調査の開始

一九三〇年（昭和五）三月、宙外は『高梨村郷土沿革紀』編纂事業として、郷土史研究家らの参加を得て発掘調査をおこなった。そして、今でいう外柵（がいさく）・外柵西門跡、外郭（がいかく）線材木塀を発見し、奈良時代または平安時代初期の城柵址であると、調査参加者の満場一致で決定したのである。

『続日本紀（しょくにほんぎ）』などの文献史料上にあらわれる古代の城柵が、はじめて人びとの目の前に姿をあらわしたのであった。のちに払田柵跡の第一次調査を支援した東北三大地主に数えられる地元の豪農池田家払田分家の支配人を務めていた藤井東一(とういち)は、宙外とともに調査をおこない、払田柵跡が「外柵」と「内柵(ないさく)」の二重構造であることを突き止める。

その成果は広く報道され、地元郷土史家の深澤多市(ふかさわたいち)や東北帝国大学の喜田貞吉(きたさだきち)、伊東信雄らが視察におとずれた。そして、この調査の参加者であり、岩手県で古代城柵を研究していた菅野義之助(かんのぎのすけ)が、調査成果を文部省に報告したのである。

なぜ宙外は城柵と見抜いたのか

角材には「最上」の文字が刻まれたものがあったことから（**図4**）、地元では、中世に出羽国で勢力のあった最上光成の居城ではないかとの説も出ていた。宙外は、なぜこれらの角材列を古代城柵のものと判断したのだろうか。『秋田考古會々誌』第二巻第四号（一九三〇年一二月）に、宙外は以下の点を

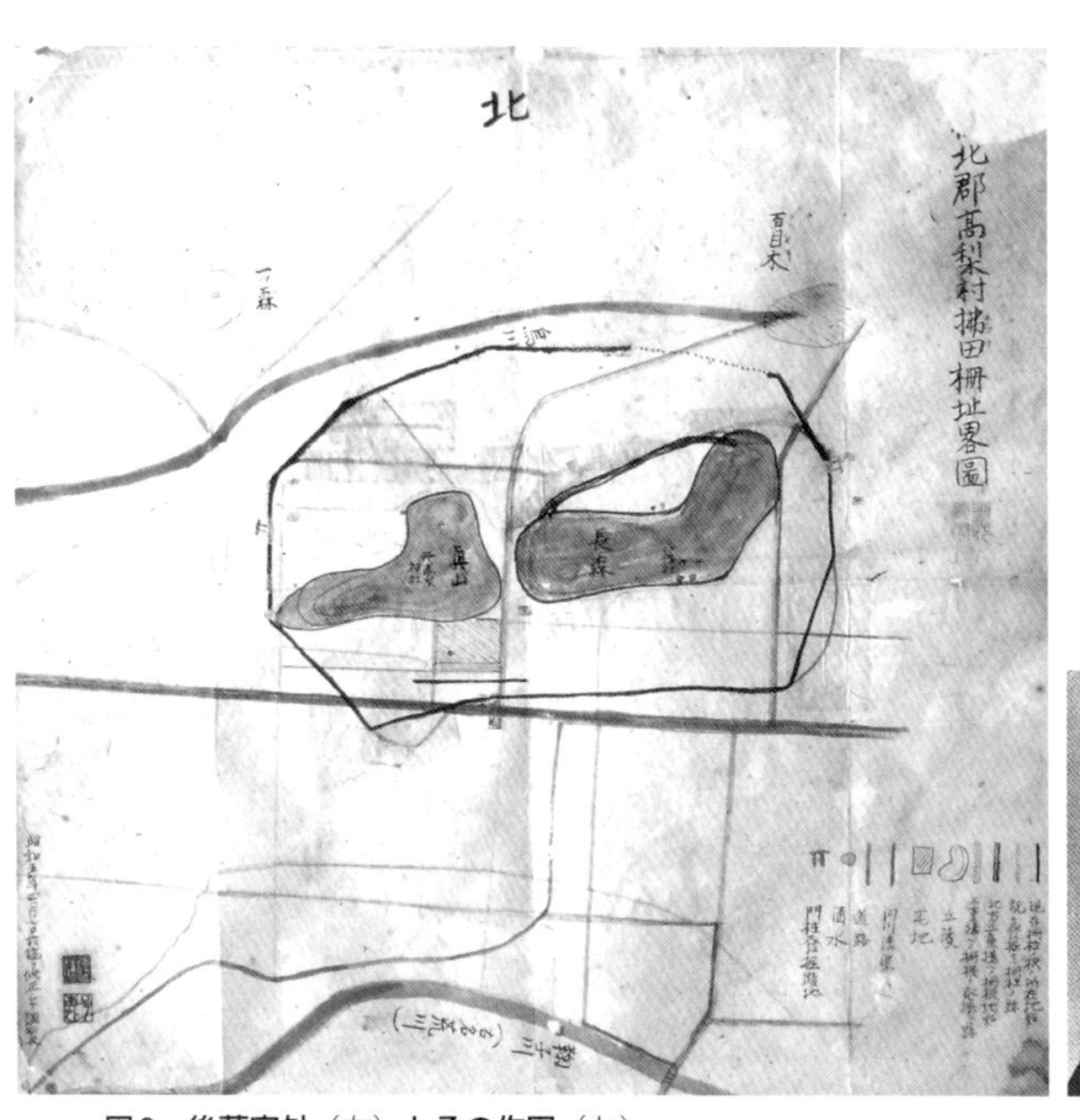

図3 ● 後藤宙外（右）**とその作図**（左）
図には、長森と真山、それをとり囲む外柵と、長森北側の外郭線が正確に記されている。

根拠としてあげている。

①角材には近世以降の鋸や鉋を用いた痕跡がなく、斧のようなもので削って加工されている。

②広大な土地をとりかこむ城柵の特徴があるが、最上氏の居城のような中世の城館でそうした構造のものはない。

③古代の城柵だとすると、当時は兵士が平時には農業を営む「農兵兼務」の時代であり、実際、払田柵跡の周辺では、そうした人びとの居住した住居の囲炉裏跡や武器製造のための鍛冶の痕跡（鍛冶滓や「鍛冶屋敷」といった地名）がみられる。

④大量の須恵器・土師器がみつかっている。

⑤払田柵跡は正方形ではないが方九町におさまり、方一〇町の多賀城跡（宮城県多賀城市）と、方六町の胆沢城跡（岩手県奥州市）といった城柵の規模に近い。

以上のような理由で、宙外は払田柵跡を奈良時代もしくは平安時代の城柵跡であると結論づけ、律令国家による「此の地方拓殖の策源地」（奥州を開拓し、人びとを移住させるための拠点）とした。この払田柵跡の造営年代を、柵跡のある「山本郡」がはじめて記録に登場する『日本三代実録』の八七〇年（貞観一二）を論拠として、八六〇年あたりとした。しかし、絶対年代の決定には、ほかに確かな証拠によるべきものであるとしている。

のちに宙外は、この城柵は七七五年（宝亀六）に移転した出羽国府の河辺府であるという説に転じている（**4章参照**）。

図4● 文字が刻まれた角材
外柵の角材に「最上四」と文字が刻まれている。最上郡のことであろうか。数字の意味は不明。

国による調査と残った謎

こうして重要な遺跡であることが明らかになったため、一九三〇年一〇月、文部省による発掘調査が嘱託職員の上田三平指揮のもとで実施された。上田は外柵の材木塀一二カ所、外柵東西南北の四門、外郭（後述する払田柵跡の中心となる長森を囲う区画施設で、調査当時は「内柵」とよばれた）の材木塀九カ所を発掘し（図5）、加えて終了後に発見された外郭北門もただちに調査して、高精度の遺跡平面図を作成した（図6）。

調査費用と人夫は地元で負担するように、という上田から深澤への書簡が近年みつかった。池田家当主の文一郎が、高梨村の村長でもあったことから、学術・教育振興に力を注いでいた池田家が多額の調査費用の全額を負担したのである。このとき、池田家からは、自動車も貸与され、上田は発掘調査で自動車を使用した初の事例だろうと記している。

図5● 上田三平（右）と1930年に調査された外柵南門跡（左）
上田三平は払田柵跡発掘の翌年、山形県酒田市の城輪柵跡の発掘を実施している。南門跡は調査後、導水溝を掘って保護策を講じている。1975年の再調査で適切な処置だったことが確かめられた。

この調査で払田柵跡のアウトラインが把握された。すなわち、外柵とそれらに付随する東西南北の門、外郭線（内柵）とその北門が明らかになったのである。

しかし、一つの大きな謎が残った。「払田柵跡」と名づけられたこの城柵は、文献史料に出てくるどの城柵にあたるのかがわからなかったのである。

正体不明の払田柵跡

現在知られている「城柵」には、つぎの三つがある。

①文献史料上に記載があり、発掘によって所在地も確認されているもの。

②文献史料上に記載があるが、遺跡としては未確認のもの。

③遺跡として発見されているが、文献史料上の城柵に比定されていないもの。

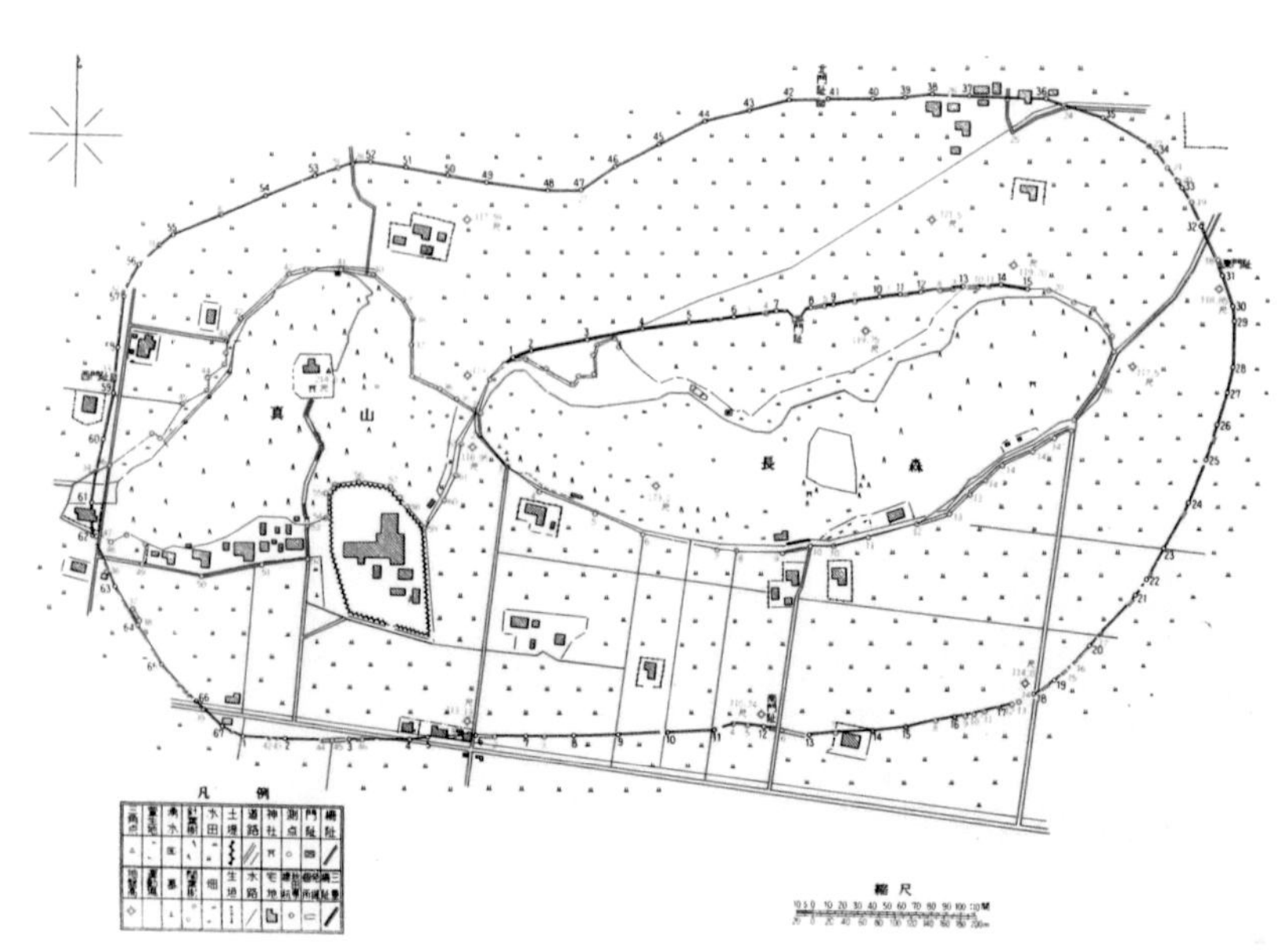

図6● 上田三平の作図

後藤宙外の図よりさらに高精度で作成されている。赤い線は当時の道路だが、長森・真山からほぼ真南にのびる道とそれに直交する東西道路が気にかかる（図45参照）。

払田柵跡は③にあたる。当時、どのような名前でよばれていたのか不明なのである。

城柵といえば、奈良・平安時代の東北地方における統治拠点としての役割を担った陸奥国の多賀城が有名だが、創建期の払田柵跡の遺跡面積は多賀城をもしのぐ。これだけの施設でありながら、払田柵跡は文献に記された中のどの城柵にあたるのか、あるいは史料にはみえない城柵なのか、その正体はいまだ確定していない。

現在の秋田県と山形県にあたる出羽国には文献上、出羽国府、出羽柵、秋田城、雄勝城、由理柵、河辺府、秋田営、野代営、大室塞などがみえるが、遺跡として考古学的に比定できているのは秋田市の秋田城のみである。ほかに山形県酒田市の城輪柵跡が九世紀の出羽国府と推定されているくらいだ。

2　律令国家の東北経営と城柵

城柵とは何か

ここで律令国家による東北経営の機関とその動向について簡単にみておこう。

古代の国名である「陸奥」の名称は東山道の最奥である道奥に、「出羽」は国家領域から突き出た出端にそれぞれ由来するという。この陸奥・出羽国支配の拠点として、律令国家は「城柵」を設置した。いわば国の地方出先機関である。文献からは越後および東北地方に約二〇の城柵が知られている（図9）。出羽国の場合、最高統治機関である出羽国府があり、国府を支える軍事拠点として秋田城と雄勝城が設置された。この体制を一府二城制という。なお、秋田城については、一時期国府がおかれたのではないかという説がある。

畿内を中心に七道の行政区分がなされ（七道制、**図7**）、国が建てられた。国の下には郡がおかれる。出羽国北半（秋田県に相当する）の九世紀代の郡には、南から飽海（あくみ）郡・雄勝郡・平鹿（ひらか）郡・山本郡・河辺郡・秋田郡があり、郡ごとに郡家（ぐうけ）が設置された（**図8**）。現在、秋田県内では、五城目（ごじょうめ）町石崎遺跡が秋田郡家の可能性を指摘されているが、確実に比定される郡家はみつかっていない。

図7 ● 畿内七道

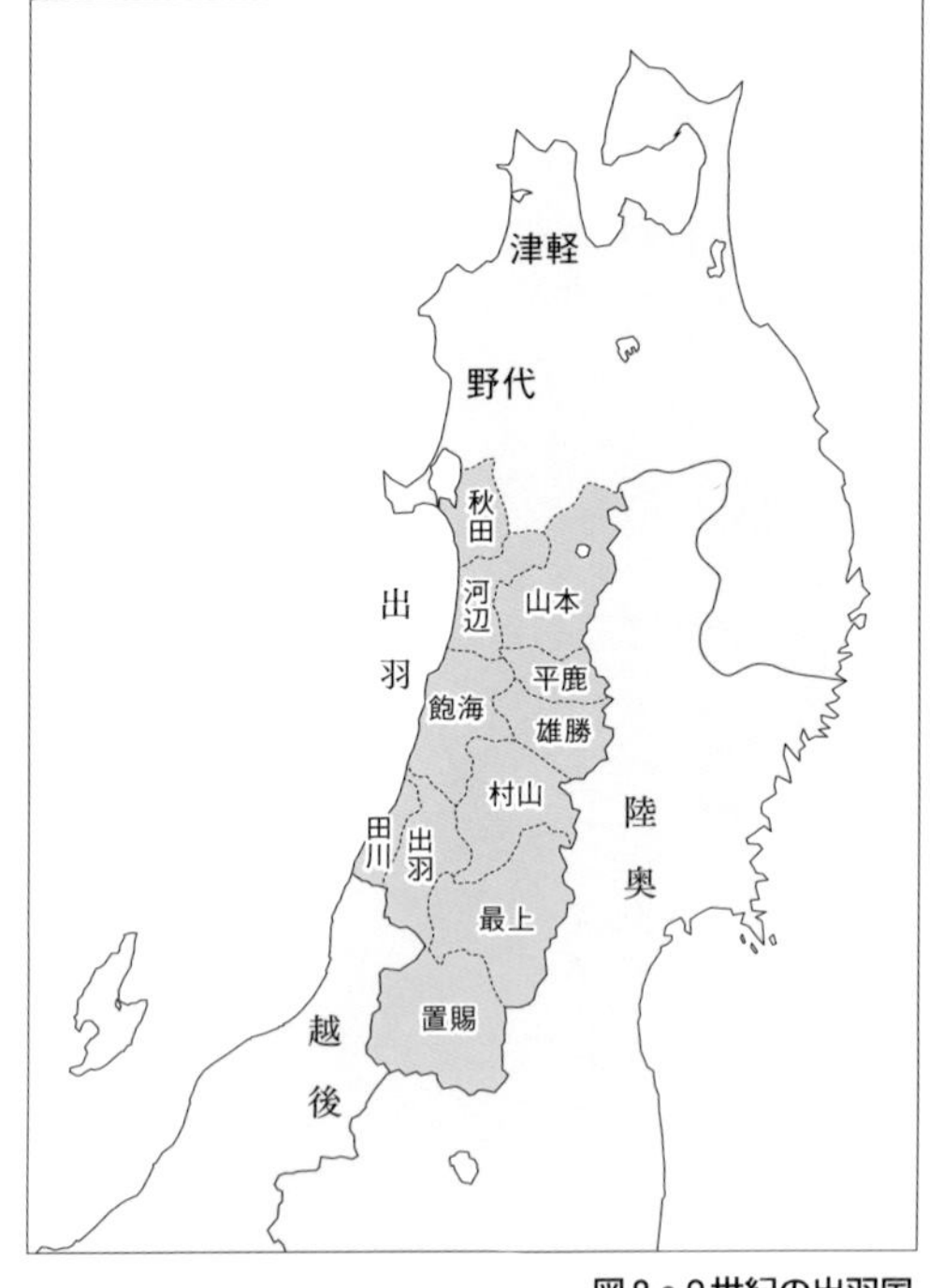

図8 ● 9世紀の出羽国

城柵の設置と合わせて兵力や物資を輸送するため、東北地方にも官道整備が進められた。「厩牧(くもく)令(りょう)」によれば、日本国内には原則三〇里（一六キロ）ごとに駅家(うまや)がおかれた。『続日本紀』によると、七五九年（天平宝字三）には出羽国内に南から玉野・避翼(さるはね)・平戈(ひらほこ)（以上、村山郡）・横河（雄勝郡）・雄勝（雄勝郡か平鹿郡）・助河(すけかわ)（河辺郡）といった駅家が設置されたという。

このように奈良時代の八世紀前半に、陸奥国の

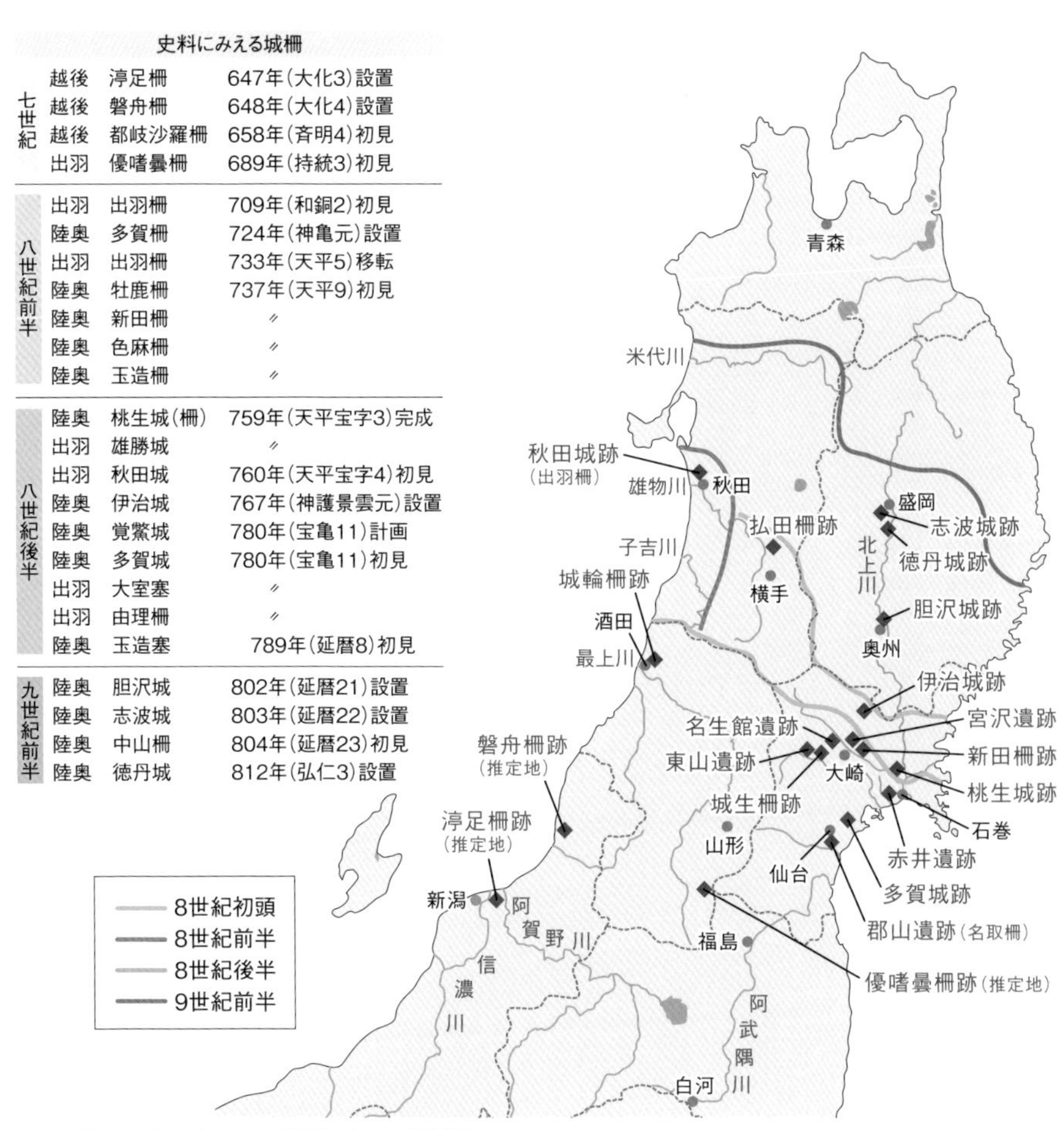

史料にみえる城柵

時期	国	城柵	年
七世紀	越後	渟足柵	647年（大化3）設置
	越後	磐舟柵	648年（大化4）設置
	越後	都岐沙羅柵	658年（斉明4）初見
	出羽	優嗜曇柵	689年（持統3）初見
八世紀前半	出羽	出羽柵	709年（和銅2）初見
	陸奥	多賀柵	724年（神亀元）設置
	出羽	出羽柵	733年（天平5）移転
	陸奥	牡鹿柵	737年（天平9）初見
	陸奥	新田柵	〃
	陸奥	色麻柵	〃
	陸奥	玉造柵	〃
八世紀後半	陸奥	桃生城（柵）	759年（天平宝字3）完成
	出羽	雄勝城	〃
	出羽	秋田城	760年（天平宝字4）初見
	陸奥	伊治城	767年（神護景雲元）設置
	陸奥	覚鱉城	780年（宝亀11）計画
	陸奥	多賀城	780年（宝亀11）初見
	出羽	大室塞	〃
	出羽	由理柵	〃
	陸奥	玉造塞	789年（延暦8）初見
九世紀前半	陸奥	胆沢城	802年（延暦21）設置
	陸奥	志波城	803年（延暦22）設置
	陸奥	中山柵	804年（延暦23）初見
	陸奥	徳丹城	812年（弘仁3）設置

図9●律令国家の東北への版図拡大と古代城柵

多賀城と出羽国の出羽柵を二大拠点として、東北地方における本格的な律令国家体制が展開した。軍事機能を備えた「城柵」の設置が必要だった背景には、「蝦夷（えみし）」の存在があった。

蝦夷とは何か

「考古学的に蝦夷のことはどの程度わかっているのか」とたずねられることがよくある。結論からいえば、現在の研究では、文献史料上の蝦夷の実態を、物質文化や人骨・DNAなどと関連づけて明快に語れる段階までには至っていない。律令国家成立時の東北地方は「日本国」の外にあり、そこに住む人びとは「蝦夷」とよばれた。自称ではなく、律令国家側からのよび名である。奈良時代に編纂された『万葉集』にも勇猛果敢（ゆうもうかかん）な人びと「毛人（えみし）」として登場し、古くは四八七年、倭王武が中国の南朝宋に宛てた上表文にもみえる。

律令国家が入る前から東北地方に人びとが住んでいたことは、各地で発掘されている集落遺跡や古墳などの存在から、考古学的に明らかになっている。しかし、そこに暮らす人びとが、どういった人びとであったのかは不明な部分が多い。

東海大学の松本建速（たけはや）は、古墳時代に北関東で馬文化をもった人びとが七世紀代に南部地方（岩手県北部から青森県）へ移住・土着化し、陸奥側の蝦夷のルーツになったという仮説を唱えている。出羽側には、遺跡が増加する八世紀に同様の移民があったという考えだ。また、そうした南からの影響とは別に、北海道の続縄文文化（紀元前三世紀〜紀元後七世紀頃）の流入が東北地方北部でみられる。秋田大学名誉教授で払田柵跡発掘調査指導委員の新野直吉（にいのなおよし）は、こうした縄文的文化と弥生・古墳的文化がモザイク状に分布するあり方をかつて「斑状文化」と命名し、東北地方の文化的基盤を形成したと唱えている。

今後、さらに研究を進めて、人びとの動態や実像に迫っていかねばならないが、少なくとも、国家が介入する前から、のちに「蝦夷」とよばれる人びとが住んでいたことは動かない。

律令国家は、北方の重要な産物である昆布、ヒグマや海獣類の毛皮、馬などを入手することと、その地に居住する「まつろわぬ民」である蝦夷を律令国家体制に組み込むことを、都の整備や外交戦略とともに重要な国策として位置づけていた。そして、征夷戦争により捕虜になるか、体制側に組み込まれた蝦夷を「俘囚」とよんだ。

城柵は、蝦夷をとり込み、時に制圧するために設置されたものであった。具体的には、その三本柱として「饗給」（服属儀礼。蝦夷の朝貢を受け、饗宴に招いて禄物を与えること）、「征討」（蝦夷を武力で討ち払うこと）、「斥候」（蝦夷の動向を探ること）、が『職員令』大国条にあげられている。そうした対蝦夷政策のために建造された城柵の一つが払田柵であったことを、本書を通して考えていきたい。

七世紀にはじまる城柵の造営

城柵の初見は、『日本書紀』大化三年是歳条にある越国（現在の新潟県）に設置された渟足柵（六四七年造営、新潟市東区・旧沼垂町か）と、大化四年是歳条の磐舟柵（六四八年造営、新潟県村上市岩船周辺か）である。

日本海側では磐舟柵につづいて六五八年（斉明四）、越国に都岐沙羅柵が造営された。これら初期城柵の具体的な場所は不明なものの、おそらく城柵の設置を北上させながら国家の勢力範囲を広げ、七三三年、最北の城柵として庄内地方から現在の秋田県秋田市高清水岡に出羽柵（八世紀中頃に「秋田城」に改称）を遷した。

太平洋側では七世紀の城柵官衙遺跡として、宮城県郡山遺跡第Ⅰ期・第Ⅱ期官衙が発掘調査で確認されている。郡山遺跡の廃絶と相前後する七二四年（神亀元）に陸奥国府として多賀城が設置され、東北地方制圧の拠点として軍政をつかさどる鎮守府もおかれたが、鎮守府は八〇二年（延暦二一）、新たに造営された胆沢城に移されることとなる。

このように、史料上には多くの「城柵」が登場するが、その実態はいまだよくわかっていない。そうしたなかで払田柵跡は、一九三〇年に私たちの目の前にはじめて具体的な城柵の姿をあらわした。しかも城柵のなかでは最大級の規模を誇る。それにもかかわらず、正体不明の城柵であり、発見から九〇年以上を経てもなお決着がついていない。

次章以降、これまでに調査担当者となった船木義勝、児玉準、高橋学、五十嵐一治、宇田川浩一、筆者、谷地薫らの調査成果に私見を交えつつ、発掘によって何が明らかになったかをみていこう。そして、文献史学者による研究を踏まえて、払田柵跡の正体を考えていきたい。

なお、本書では、遺跡として記述する場合は「払田柵跡」、機能していた当時の城柵として記述する場合は「払田柵」とする。遺構についても、これに準ずる。

第２章　払田柵跡を掘る

1　水田に浮かぶ島

水の豊かな地

払田柵跡は、雄物川とその支流玉川の合流点に位置し、大仙市と美郷町にまたがっている（図10）。この地は有数の水田地帯で、春先、水を張った田んぼは鏡面となって空を地上に映す。夏になると青々とした稲が草原のようにそよぎ、秋には一転して一面黄金色に輝く。そして、冬は雪が降り積もり、畦道もわからない白銀の世界になる。こうした田園が織りなす景観の原型は、古代にまでさかのぼるのだろう。

長森（ながもり）、真山（しんざん）の二つの丘陵は、真っ平らな水田地帯に浮かぶ島のようだ。これらは、払田柵跡の地盤となっている吉沢川層（今から約一六〇〇万年前の新第三紀更新世後期、日本海形成時に海底に溜まった泥などによる地層）が隆起したもので、周辺の河川によって削られ、硬い岩盤（珪質頁岩）だけが残った結果だ。後述する払田柵跡の石塁はこの岩盤からとり出した岩を利用している。

この丘陵上に建てられた政庁からは、南西に鳥海山、西方に保呂羽山、神宮寺岳、南東に御嶽山、東方に真昼山、はるか南には神室山が一望できる。このうち前四者には、順番に大物忌神社、波宇志別神社、副川神社、塩湯彦神社といった式内社（平安時代前半にまとめられた『延喜式』

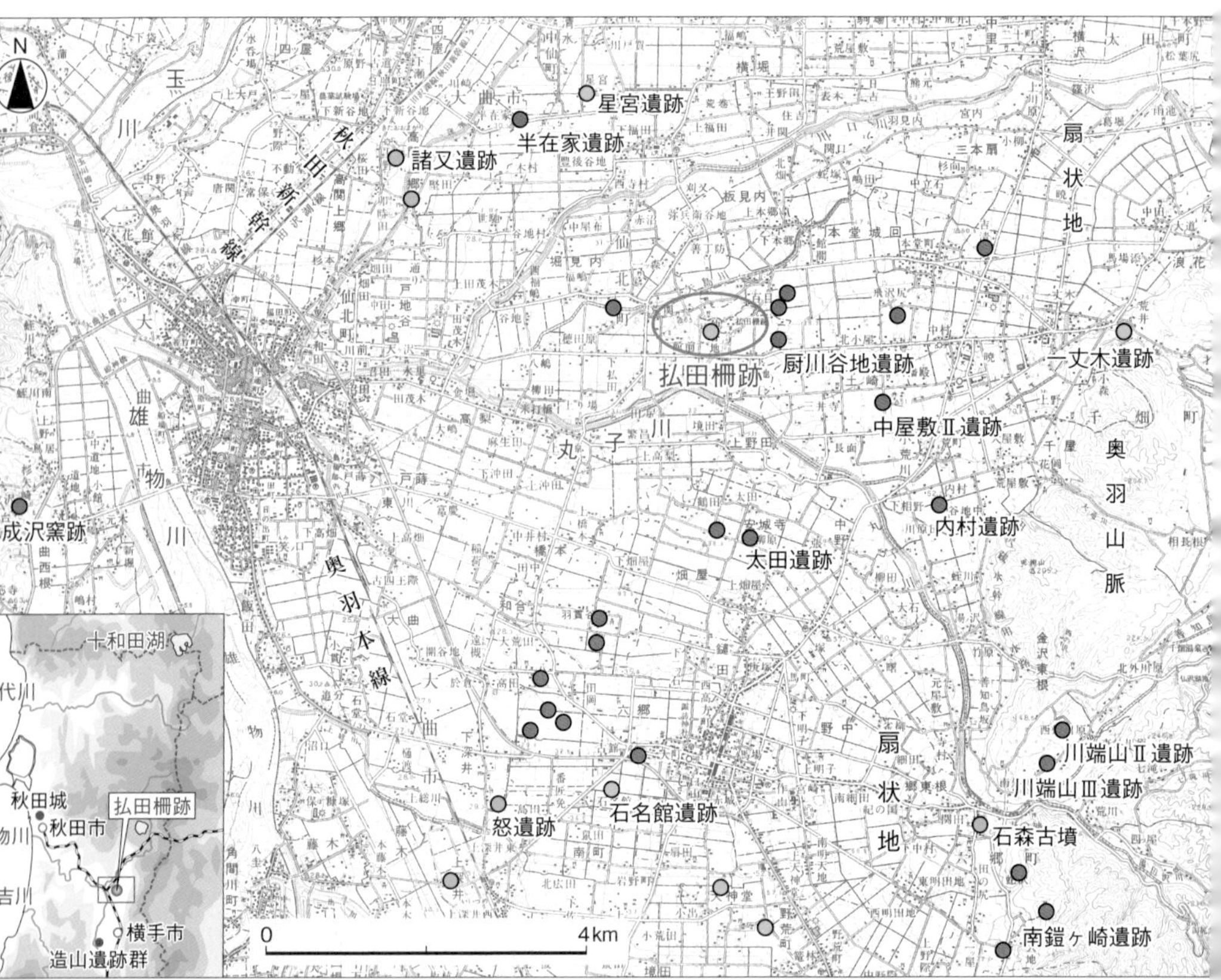

○縄文・弥生　○飛鳥・奈良　●平安（9世紀後半〜10世紀：縄文・弥生との複合含む）

図10 ● 払田柵跡と周辺の主な遺跡

払田柵跡の周辺には多くの遺跡が分布するが、ほとんどは縄文時代と9世紀後半〜10世紀代の平安時代の遺跡である。その立地は、湧水点のある扇状地の扇頂部と扇端部に偏り、水のない扇央部に遺跡はみえない。雄物川を挟んで払田柵跡の西の丘陵には払田柵跡とかかわりがあると考えられる須恵器を生産した成沢窯跡がある。

神名帳（じんみょうちょう）に記載のある神社）が建てられた（図11）。標高一〇五九メートルの真昼山は、『日本三代実録』によると、八六二年（貞観四）に、真蒜神が従五位下の位を授かっており、現在、山頂には真昼山三輪神社奥宮がある。

遺跡の東方、奥羽山脈西麓の美郷町には扇状地群が広がる。扇状地の地下を奥羽山脈からの伏流水が流れ、扇状地末端で湧き出す。名水の里・六郷湧水群

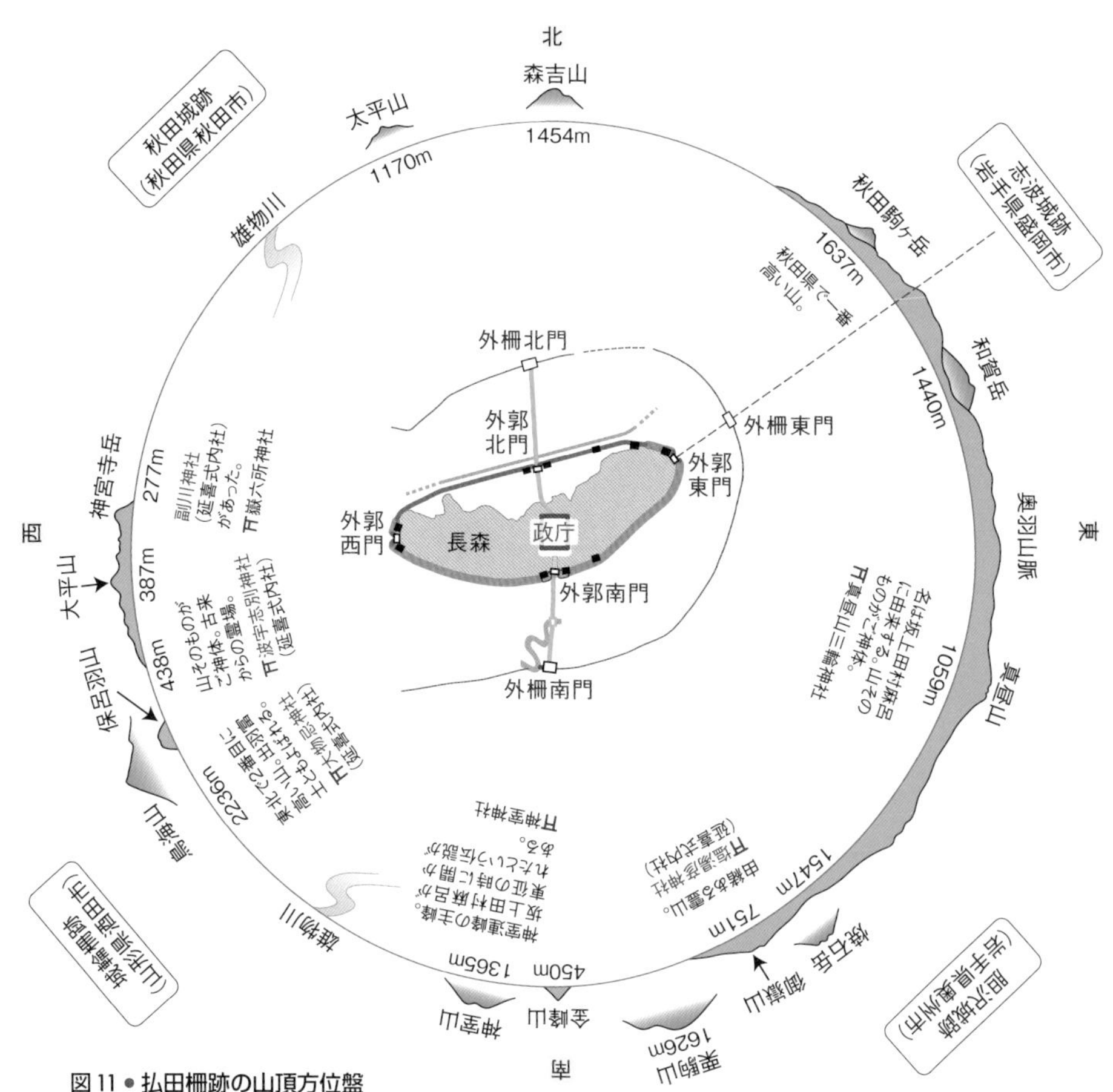

図11 ● 払田柵跡の山頂方位盤
政庁を中心に山頂方位盤を作成してみると、式内社が見わたせる。また、山並みからは周辺の城柵の位置もわかる。払田柵跡は、現代においても平安時代の人びとがながめた山並みを360度楽しむことができる場所だ。なお、すべての霊山を記載しているわけではない。

は、いまも生活用水として地元の人たちに愛されている。そして、ちょうどその伏流水が湧き出す場所に払田柵跡がある。

払田柵跡がこうした立地にあるのは偶然ではないだろう。胆沢城跡や城輪柵跡も、同じように扇状地末端部に立地している。水は人びとの活動に欠かせない。沖積地での城柵の選地については、水資源を確保できる扇端部もたいせつな要件だったと考えられる。

人の住まない地

湧水帯である扇頂部や扇端部が選ばれるのは、払田柵跡周辺の縄文時代や弥生時代の遺跡にもあてはまる。縄文時代の石名館（いしなだて）遺跡や内村遺跡、一丈木（いちじょうぎ）遺跡、弥生時代の星宮（ほしのみや）遺跡や中屋敷II遺跡などが、やはり湧水帯周辺でみつかっている。

古墳時代の遺跡は秋田県内では非常に少なく、払田柵跡周辺ではみつかっていない。

払田柵跡造営前の八世紀代、払田柵跡から南東へ六キロほどの奥羽山脈西麓には、飛鳥・奈良時代の墳墓であり、蕨手刀（わらびてとう）が出土している石森古墳がある。

八世紀末になると、払田柵跡から南西へ約六キロには怒（いかり）遺跡、北西へ五キロには諸又（もろまた）遺跡といった小さな集落跡が雄物川沿いにわずかに点在するが、どういう人びとが住んでいたのかはよくわかっていない。払田柵跡が造営される以前は、縄文時代を除くとこの地はほとんど無人地帯だったようである。

2　払田柵跡の構造

払田柵跡では、杉の角材を密接して立て並べた材木塀（外柵）が長森と真山、その周囲の沖積地を囲っている。この外柵は、総延長約三・七キロ（東西一・三七キロ×南北七八〇メートル）におよぶ。そして外柵の内側、長森とその北側の低湿地を築地塀と材木塀で総延長約一・七六キロ（東西七六五×南北三二〇メートル）にわたり囲む（外郭）。中心施設となる政庁は長森の中央につくられ、板塀が方形に囲む。これら外柵・外郭・政庁にはそれぞれ東西南北に門が設置されている（**図12**）。

柵内では、政庁のほかに行政文書作成などの実務を執りおこなう施設（曹司（そうし））、鍛冶や漆塗りなどの工房、儀礼・祭祀の場、墓域などがみつかっている。

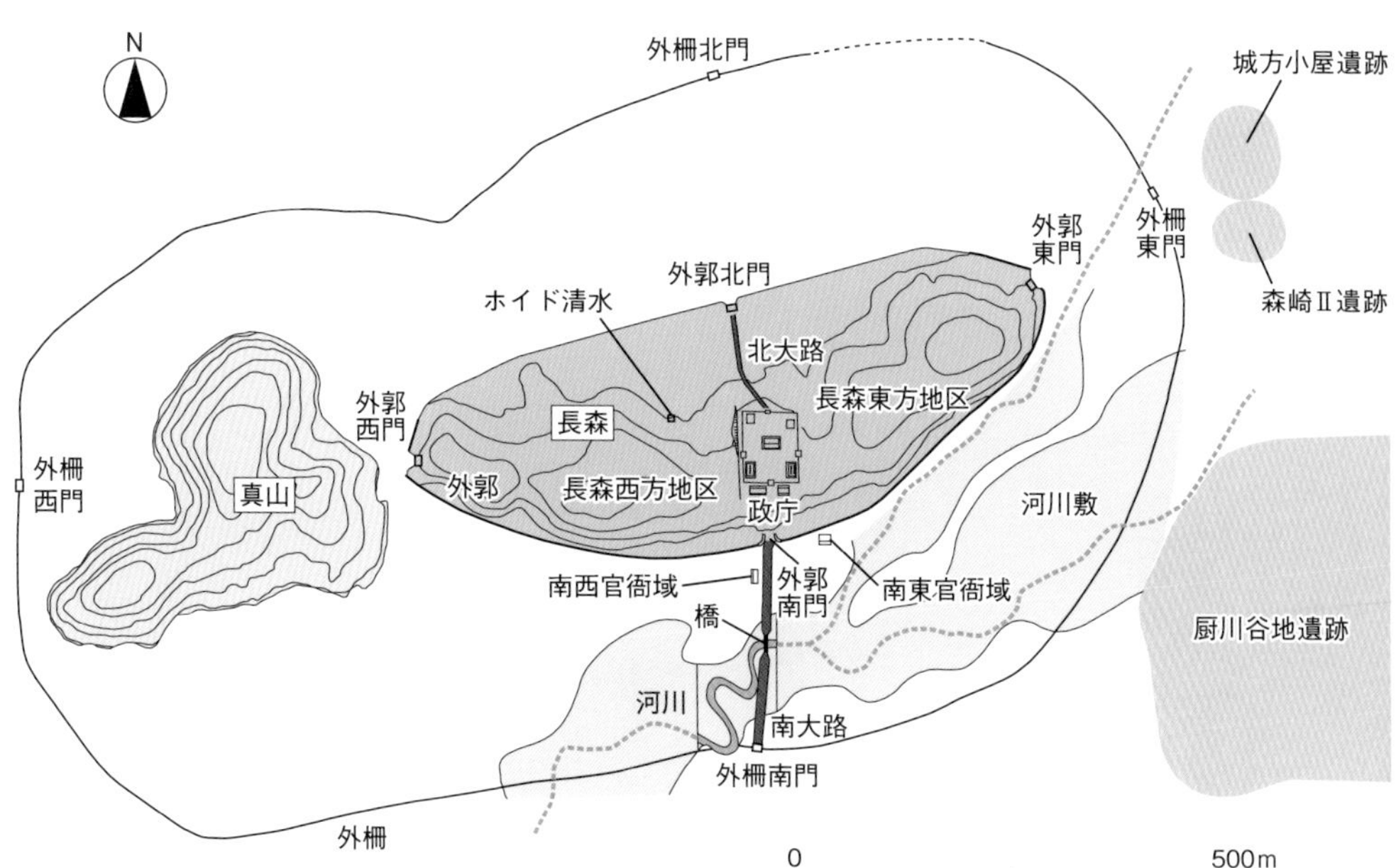

図12 ● 払田柵跡の構造
長森丘陵の南側には河川が流れていたことが発掘調査と秋田大学による電気探査で判明した。外郭東門と外柵東門は北東側についており、両門を結んだ先には陸奥国の志波城跡（図11）がある。南東の厨川谷地遺跡は払田柵の祭祀場。

出土・採集した遺物には、土器・陶磁器類や瓦などのほか、石帯・砥石などの石製品、鉄鏃・鉄釘・刀子・鎌などの鉄製品や鉄（銅）滓、木製品などがある。また、墨書土器や木簡、漆紙文書など文字や記号が記された資料も出土している。

まず、払田柵跡発見のきっかけとなった区画施設からみていこう。

3 三重構造の城柵

城柵は、中枢となる政庁とその周辺を囲む外郭線の二重構造であることが一般的だが、払田柵跡は、外郭のさらに外側に、現在「外柵」とよんでいる材木塀がめぐる、いわば三重構造の城柵である。三重構造の城柵は払田柵跡に特有のものとして、これまで注目を浴びてきた。しかし、二〇〇〇年以降、東北地方の城柵の研究が進むにつれて、太平洋側でも伊治城、志波城などがそうした構造をもつ城柵であったと指摘されている。八世紀後半～九世紀初頭に三重構造の城柵が陸奥・出羽両国に出現したようで、北辺の警護を固めねばならない当時の蝦夷との緊張関係のあらわれと考えられている。

八脚門をもつ外柵

外柵は、創建時に建てられた後は改修されず、やがて放棄された。外柵に囲まれた範囲を外柵域とよんでいる。本書冒頭で述べたように、地下には最大で約一メートルの柵木が埋まったままになっている（図14）。貫穴に板材を貫通させて横方向に連結させた構造（図18右）で、使用された角材（一辺平均二八センチ）は推定一万三〇〇〇本になる。年輪年代測定法により、材木の伐採年は西暦八〇一年冬から八〇二年春という結果が得られた。これまでの研究によって、城柵の建造に二カ年以上費やすことはないと考えられることから、払田柵は八〇二年に建造されたといえる。外柵の柵木をおおう洪水堆積層から九世紀中葉の須恵器が出土しているので、遅くとも九世紀中葉には外柵は失われていたと考えられている。角材には釿で削った痕が残っている（図13）。おそらく奥羽山脈中の伐採地で角材にまで仕上げ、払田まで運搬したのだろう。角材には縄を通すための孔があけられていた。縄で雪上を引っ張ったり、筏

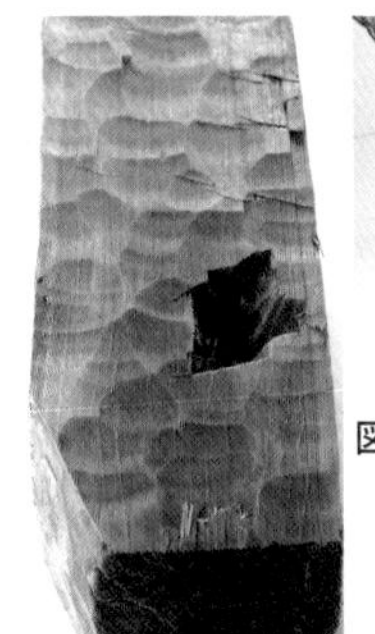

図13●山から運ばれた柵木
左は釿で削った痕跡と目途穴がある柵木。右は目途穴に縄を通した状態。発掘では西側石塁裏の廃棄土坑から縄の束が出土している。

図14●外柵南門の西側柵木（北より）
年輪年代測定法によって、右から2本目が801年、3本目が802年の伐採とわかった。

にして河川を利用して運んだことがわかる。払田柵跡では、縄の束も出土している。

外柵の東西南北には八脚門が設置されていた（図15）。通常、城柵では政庁から東西南北門を経て外へのびる道（大路（おおじ））が敷設されるが、外柵南門から外郭南門に至る南大路跡は検出されなかった。しかし、推定南大路の中間地点では、九世紀代の河川跡がみつかり、推定大路との交点で橋脚一六本が検出されたことから（図16）、川をまたいで南大路があったのは確実だ。おそらく後世の水田開発などで失われたのであろう。

外柵南門のすぐ西側は、この河川と交差し、柵が途切れていることが明らかとなった（図17）。防御が目的と考えられる外柵が、なぜ開いているのだろうか。調査を担当した児玉準は、律令国家の威信をかけて築造した払田柵の内部をあえて地域住民、すなわち蝦夷にみせつけるために開口部を設けたのではないかと考えた。たしかに、そこからは外郭南門や石塁、政庁を望むことができる。創建時のこうした不完全な防御施設のあり方から、払田の地は対蝦夷戦線の真っただ中ではなかったといえそうだ。ただ、現実的な問題として、長森・真山周辺の沖積地は古代から河川が幾条も流れており、そこに柵をめぐらせるとなると、河川が流入・流出する部分はどうしても途切れざるをえなかった。河川自体が堀の役割になると考えれば、あながち防御機能が不完全であったとはいえまい。

なぜ、創建時に外柵を築いたのか。その理由は、政庁のある長森だけではなく、真山や広大

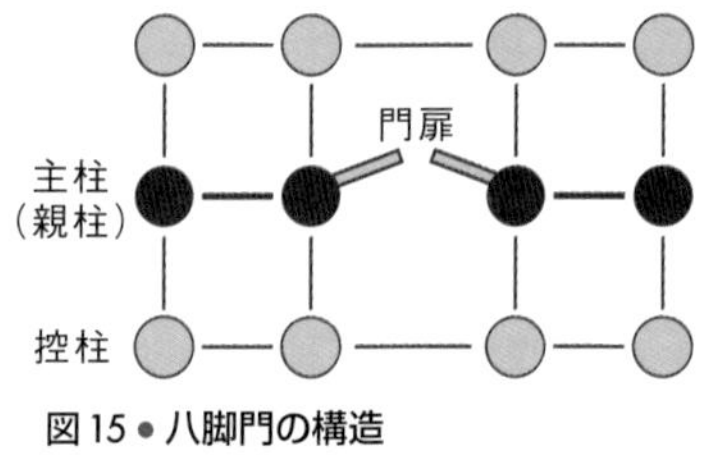

門扉
主柱（親柱）
控柱

図15 ● 八脚門の構造
八脚門とは、門扉が付く棟通りの主柱の前後に各4本、計8本の控柱（脚）がとり付く構造で、格式が高く、重要な場所に建てられた。

図16 ● 南大路の河川跡と橋脚の検出（上）**と橋脚検出断面**（左）
河川跡の奥に外郭南門がみえる。

図17 ● 外柵と外柵南門
高さ約9ｍに復元された南門。1994年に復元展示されたが、老朽化により2022年に修復し建て直された。築造当時の柱材はクリがほとんどであったが、再現に際して、同様の太さのクリが入手できないことから、アオモリヒバで代用している。南門の西側の外柵は、河川の交点で途切れ、奥の政庁がみえるようになっている（写真は、2012年の爆弾低気圧で倒壊した外柵の修復後、2015年に撮影したもの）。

な沖積地を城柵内にとり込みたいという設計目的があったからであろう。沖積地の具体的な利用の実態は、現在調査中だ。

外郭

長森をとり囲むようにして、地盤の硬い丘陵南側裾部には築地塀、北側の軟弱な低湿地には材木塀が築かれる（図18・19上）。この外郭線に囲まれる範囲を外郭とよんでいる。築地塀は八三〇年（天長七）もしくは八五〇年（嘉祥三）の地震により倒壊しており（図19中）、その後は材木塀にかえられた。

外郭の材木塀は四列検出されており（図19下）、A〜D期（図60参照）の変遷がある。最初のA・B期（九世紀）に使われている杉材は直径一メートルを超えるような巨木だが、C・D期（一〇世紀）には大きな杉材がほとんど用いられず、広葉樹が多くなる傾向にある。奈良国立文化財研究所で払田柵跡の年輪年代測定をおこなった光谷拓実（みつたにたくみ）によると、一〇世紀代の温暖化による植生の変化とともに、杉の伐採が進んだ結果、大きな杉がなくなり、細い杉や広葉樹を使用するようになったということであった。調査を担当した児玉準は、北側低地の材木塀を掘

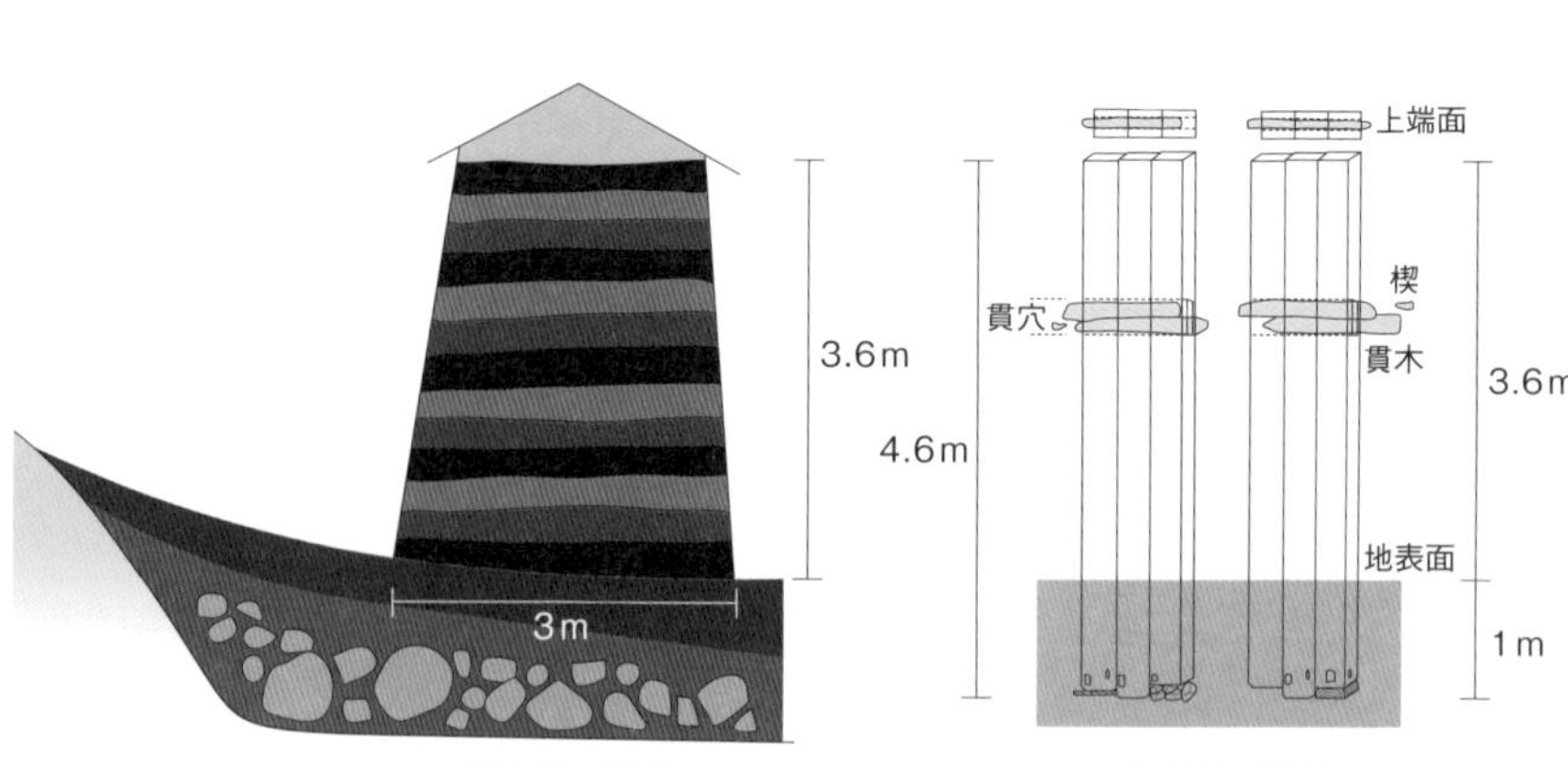

図18 ● 築地塀と材木塀
築地塀は基礎に礫を充填させて地盤を安定させ、その上に版築技法により長さ約5.5ｍを1単位として突き固めてつくられた。地震による倒壊後は材木塀にかわり、さらに2回改修された。材木塀は穴をうがち貫木（ぬきぎ）で連結させている。

外郭東端の様子。低湿地帯になるところで築地塀から材木塀にかわる。

地震によって倒壊した外郭西門北側につづく築地塀跡。

四重となった材木塀の検出。

図19●築地塀と材木塀
下段の材木塀の４列は同時に存在したのではなく、手前（写真下）から奥に向かって４時期の建てかえがあったことを示す。

っていたときに、そうした材木の変化を肌で感じたという。

東西南北に開いた八脚門は、外郭線の内側に八の字状に入り込むように設置されていることに特徴がある。南門は三回の建てかえがあり、創建期に最大の門がつくられた（図20）。

南門の両脇には基底幅約三・五メートルの石塁が築かれた。石塁は払田柵跡以外の東北地方の城柵では確認されていない、

図20 ● 外郭南門の復元（南西より）
外郭南門も外柵南門と同様の八脚門。門前には5段の石階段が検出され、両脇には長森丘陵の地盤である珪質頁岩の石塁が弧を描いて築造されている。西側（左）の石塁下半分は平安時代のもの、そのほかは復元。

棚櫓の復元図

図21 ● 外郭南門から西側にのびる石塁と櫓状建物の柱穴
外郭南門両側の石塁には櫓が付設されていた。柱穴と石塁の位置関係から、前面を石塁にのせる「棚櫓」とよばれる形式と推定されている。

きわめてめずらしいものだ。この石塁の上に櫓(やぐら)状建物（棚櫓(たなやぐら)）がつくられた（図21）。各門の両脇および外郭線上にも一〇〇メートルほどの間隔で、見張り台となる櫓状建物跡が一〇カ所確認されている。

南門周辺からは瓦が集中的に出土した。注目すべきは渦巻文様の瓦だ（図22）。一見すると、九州地方の隼人の盾に描かれた文様に似ているが、今のところ、この文様の瓦は全国でも払田柵跡でしか発見されていない特殊なものだ。

また、外郭の北側では材木塀から北へ五メートルほど離れたところに、幅約三メートル、深さ約一メートルの大溝が外郭線に沿ってみつかった（図39）。これまでに確認されている総延長は五〇〇メートルを超える。溝は、材木を柵内に運び入れるために掘られた運河と考えられているが、近年新たな知見が得られているので後述する。

木道を敷いた北大路

長森の北側の低地は湿地帯のため、創建当時から築地塀ではなく、材木塀だった。外郭北門の柱も一メートルほど沈下するくらい軟弱な地盤である。そこに政庁北側裾部から外郭北門につづく北大路があった。低湿地で歩行が困難なため、一〇世紀前半には古い柵木を転用した木道がつくられる（図23）。

図22●渦巻文瓦
瓦は外郭南門周辺で集中的に出土。払田柵ではおそらく外郭南門の屋根にのみ瓦が葺かれていたのだろう。

木道は、北門から東西にのびる材木塀内側にも沿っており、そこから上下端が残る全長四・六メートルの柵木がみつかった。払田柵跡で唯一全長を知ることのできる柵木である。前述のように、柵木は地中に一メートル埋まっていることから、材木塀の高さは、三・六メートルとわかった。

図23 ● 外郭北門東側の材木塀角材列と木道（上：西より、下：南より）
低湿地の材木塀の内側には、木道が付設されていた。この木道は材木塀の転用品である。下は、復元された北門・材木塀・木道。

4　政庁とその変遷

政庁域

一般的に国府や城柵の政庁は、宮都の朝堂院形式にならい、正殿を中心としてその前面東西に脇殿がおかれ、広場を囲むコの字状の配置（「品」字形）となる。

払田柵の政庁は長森丘陵中央部に位置する（図24）。丘陵の東西に入り込んでいる深い沢を埋め立て、平坦地を広げる大規模な造成工事がなされている。造成した平坦面上には板塀と建物群が築かれる。板塀は方形にめぐり、東西南北に門が付設される。その内部には、南に庇が付いた正殿と東・西脇殿が配置される。これらの建物と政庁南門に囲まれた場所が、儀式などをとりおこなう広場となる。

調査担当者の船木義勝は、柱穴などの遺構群から、政庁は五時期にわたって変遷したと推定する（図25）。

第Ⅰ期　九世紀前半の創建期。板塀が政庁域を区画する。正殿と脇殿に囲まれた広場は、約三九メートル四方である。板塀の南と北に二本柱の門がある。南門の内側には目隠し塀が設けられる。

図24●政庁正殿（南より）
奥に見える黒っぽい土は、政庁域を拡張するための埋め立て土。

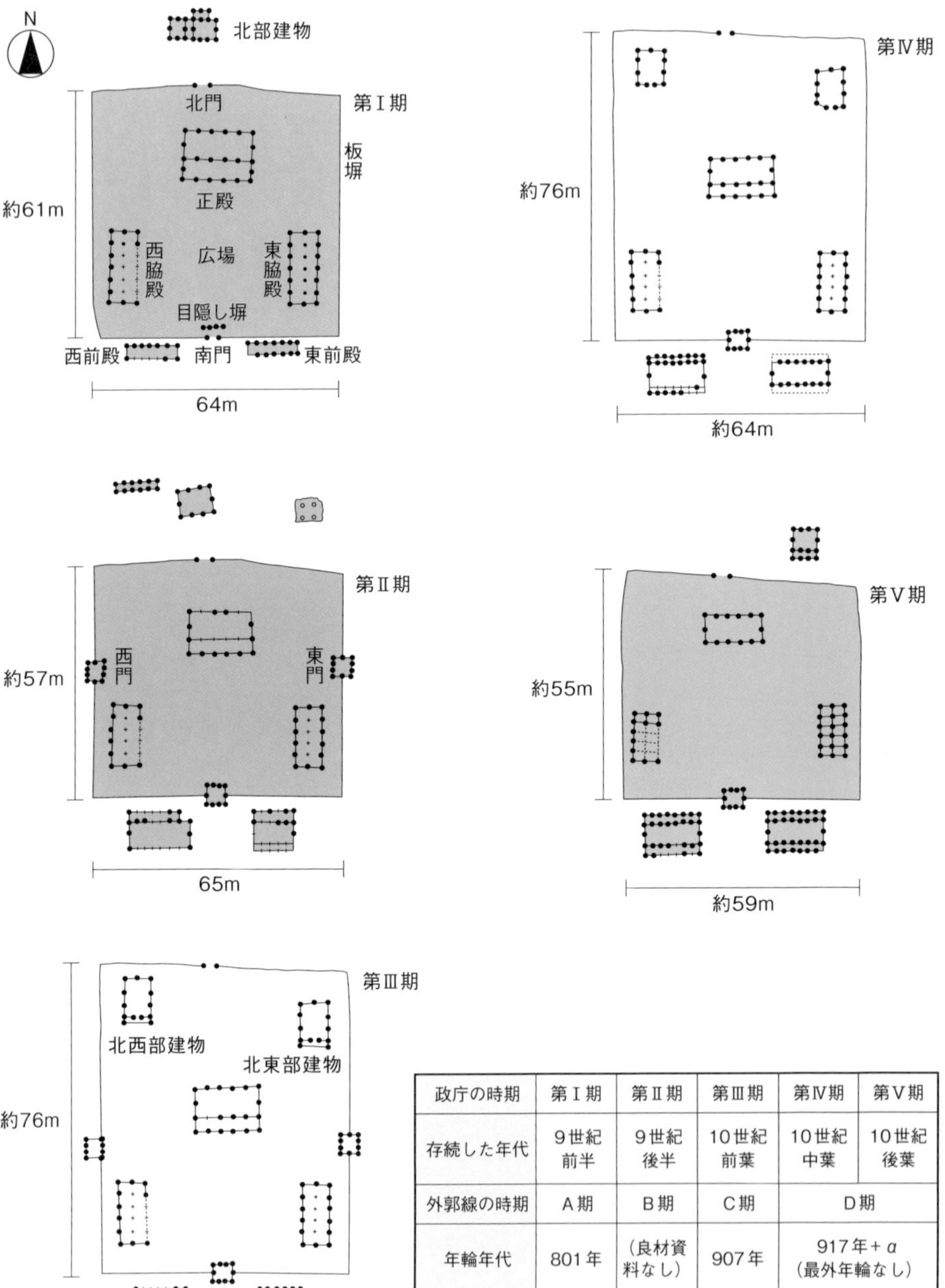

政庁の時期	第Ⅰ期	第Ⅱ期	第Ⅲ期	第Ⅳ期	第Ⅴ期
存続した年代	9世紀 前半	9世紀 後半	10世紀 前葉	10世紀 中葉	10世紀 後葉
外郭線の時期	A期	B期	C期	D期	
年輪年代	801年	（良材資 料なし）	907年	917年＋α （最外年輪なし）	

外柵および外郭材木塀の柵木の年輪から測定された伐採年を各時期の開始年代と推定。

図25 ● 政庁の変遷

宮城県多賀城跡調査研究所の村田晃一は、四脚門もしくは二本柱の門と目隠し塀がセットとなるのは、八世紀後半～九世紀前半の城柵政庁に特徴的だと指摘している。正殿は桁行（けたゆき）五間×梁行（はりゆき）二間の身舎（もや）に南庇が付いた東西棟で、払田柵のなかではもっとも規模が大きい建物である。

板塀の外には、政庁南門前面に東西前殿、政庁北門の北側には北部建物が配置される。

第Ⅱ期　九世紀後半。目隠し塀がなくなり、南門は八脚門に建てかえられ、東西にも新たに門ができる。北門は第Ⅰ期から第Ⅴ期まで簡易な二本柱のままだが、南門は第Ⅱ期以降、八脚門となる。主要建物と板塀はすべて建てかえられて一段と整備された。東西前殿の規模が拡大し、それにともない板塀南辺が北へ移動する。

第Ⅲ期　一〇世紀前葉。政庁域がもっとも拡大する。基本的な建物・門の配置は第Ⅱ期を踏襲して建てかえられる。また、板塀の北辺を拡張してできた空間に北東部・北西部建物が設置される。

第Ⅳ期　一〇世紀中葉。政庁域の規模は第Ⅲ期を踏襲するものの、区画施設の東西門が消失し、板塀で閉ざされる。政庁域のすべての建物（正殿・脇殿・前殿・後方建物）が建てかえられ、正殿と西前殿、後方建物の面積は減少する。

第Ⅴ期　一〇世紀後葉。払田柵終末期の政庁で、板塀北辺が南へ約二一メートルも移動し、政庁域の面積がもっとも縮小する。総柱の東西脇殿は維持されるが、正殿は南庇がなくなり、建物規模も縮小する。東西前殿も脇殿と同じく第Ⅳ期と同規模である。

総柱式の脇殿

脇殿は、官人が儀礼の時に座す場、もしくは執務する空間とされている。払田柵の東西脇殿は、政庁Ⅰ期のときから総柱式である（図26）。一般的に建物の柱は、屋根を支えるために配置される側柱式だ。総柱式とは、床を支えるために柱筋の交点すべてに柱が据えられるものである。こうした荷重に耐えられる構造から、総柱式の建物は倉などとみられることが多い。脇殿が執務や儀式の建物だとすると、わざわざ総柱式の建物にする必要があるだろうか。

山形県立米沢女子短期大学の吉田歓は、平城宮や平安宮の内裏にみられる脇殿は収納庫ではないかと考えている。近年、払田柵の脇殿も正倉（古代律令制下の公的機関に設置された正税稲や財物の保管庫）などの倉ではないか、との推測が高橋学により示されている。

次章でみるように、払田柵では出土文字資料のなかに米や稲に関連するものがまとまってみられるが、これまでに肝心の倉がみつかっていない。当時の米は、いまのお金のようなものだ。それを保管する正倉を、厳重に守られた政庁

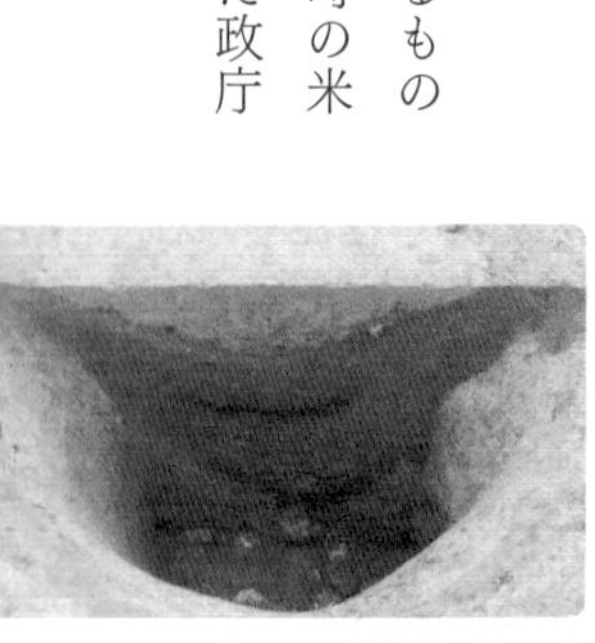

図26 ● 東脇殿（右、北より）**と井戸の断面**（左）
総柱式で、大小の柱穴のセット関係から4回の建てかえがあったことがわかる。政庁Ⅰ〜Ⅳ期は床のみを支える束柱。Ⅴ期の総柱は、すべての柱が屋根まで通ると考えられている。西側に接する井戸の中から、10世紀前半代の土師器がまとまって出土している。

内に建てるのは理にかなう。また、武器庫ということもありうる。八七八年（元慶二）に出羽国北部で起きた元慶の乱の際には、夷俘（服属した蝦夷）が秋田城を焼き討ちし、大量の武器が奪われたことが『日本三代実録』に記されている。武器も厳重に管理したいところだ。払田柵の脇殿が保管庫であるかどうかの是非については、直接的な証拠が得られていない以上、まだ議論が必要である。

政庁内外にある井戸

もう一つ注目しておきたいのは、東脇殿西側と東前殿東側に井戸がみつかったことである。岩盤の珪質頁岩層を幾分掘りぬいた水溜的な素掘りの井戸である。常時水が溜まっているわけではなかっただろう。両者ともに儀礼的な井戸だったのかもしれない。

城輪柵跡でも政庁後方建物のそばで井戸がみつかっている。政庁域の井戸の役割については今後の検討課題だ。

また、丘陵裾部には地元住民から「ホイド清水」とよばれている井戸がある（**図27**）。ここからは第一号木簡をはじめとする木簡（**図47参照**）や木製品などがまとまって出土したほか、祭祀的性格の濃い遺物が多い。儀礼の場として利用されたのだろう。

図27 ● ホイド清水
井戸の水は長森から湧出した雨水であることが最近の秋田大学による調査で明らかになっている。現在は復元展示されており、サンショウウオが生息している。

政庁北側斜面の竪穴建物群

政庁の北側斜面では、これまでに竪穴建物が二〇棟ほどみつかっている（図28）。時期は、古いもので政庁第Ⅰ期直前段階の九世紀初頭から、新しいもので政庁第Ⅴ期の一〇世紀後半までであり、継続的に利用されていたようである。

これらの竪穴建物は一辺二・五〜五・三メートルの方形もしくは長方形で、カマドが付設されている。このうちの一軒からは二面硯・鉄鏃・土師器坏・須恵器の長頸壺・小壺・皿・高台皿・大甕とともに、炭化したアサ・アズキ・アワ・トチなどが出土した（図29）。文具・武器・食器・食料が出そろっていることから、役人や兵士が食事をとりながら仕事をしていた建物だったのだろうか。

また、竪穴建物のそばにある土坑からはフイゴの羽口や鉄滓、漆がついた土師器坏片などが出土していて、工人の存在も想定できる。政庁の建設・建てかえにかかわる作業域とも考えられる。

政庁の北側斜面という、いわば「裏側」には払田柵の

図28●政庁北側の竪穴建物群（北東より）

運営に携わる工人の工房域が広がっていたのだろう。そうした目で政庁北側斜面のさらに東側の未調査区をみると、現在でも雛壇状の地形がつづいているのがわかる。これらの段状平坦地にも竪穴建物跡が眠っている可能性がある。かつて後藤宙外は、蝦夷がいる北方に対してより強固な守りを固めるためのものと想定していた。払田柵の北側斜面には兵舎が存在し、対蝦夷の防御に備えたということもあるかもしれない。

二面硯

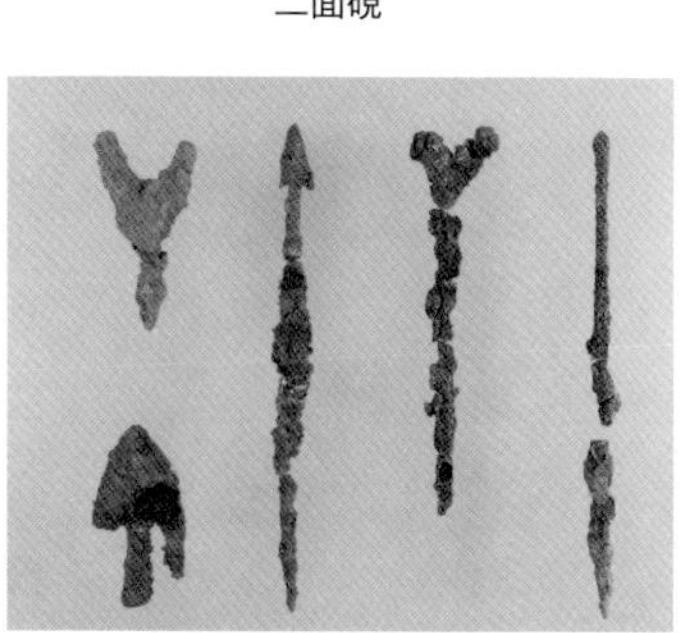

鉄鏃

図29●北側斜面の1棟の竪穴建物跡から出土した二面硯と鉄鏃
二面硯は中央に仕切りがあり、一方の面には朱墨の痕が確認されている。

5　工房域と曹司域

鍛冶工房域

政庁西側から外郭西門にかけての長森西方地区では、鍛冶炉をともなう竪穴建物や材木塀、土坑など、九世紀中葉〜一〇世紀前半の遺構と遺物が数多く分布する鍛冶工房域がみつかった（図30・31）。くわしくみると、九世紀後半には外郭西門周辺で展開していた鍛冶工房域（西区）が、九世紀末から一〇世紀前半には東側（東区）へも広がる。

払田柵跡から出土した鉄製品は、鉄鏃一六点・刀一点・刀装具二点・刀子一一点・斧一点・

釘四四点・紡錘車二点・鍬二点・鎌五点などである。実際に使用された数は、出土点数よりもはるかに多いと考えられる。資源として再利用できる鉄器の特性である。

西区の建物からは金属製品をつくるための材料を溶かす坩堝(るつぼ)が出土し、銅などの鋳造もおこなわれていたと考えられる。東区から西区にかけての丘陵頂部には帯状の遺構空白部があり、東西道路があったと推測される。

東区では、一棟の竪穴建物(九世紀後半)の床面直上から第六号漆紙文書(**図55参照**)が出土した。漆紙文書とは、払い下げられた行政文書を漆職人が漆容器の蓋として再利用したものである。鍛冶工房域からなぜ漆紙文書がみつかったのだろうか。実は、鉄と漆はある道具をつくるときに密接なかかわりをもつ。

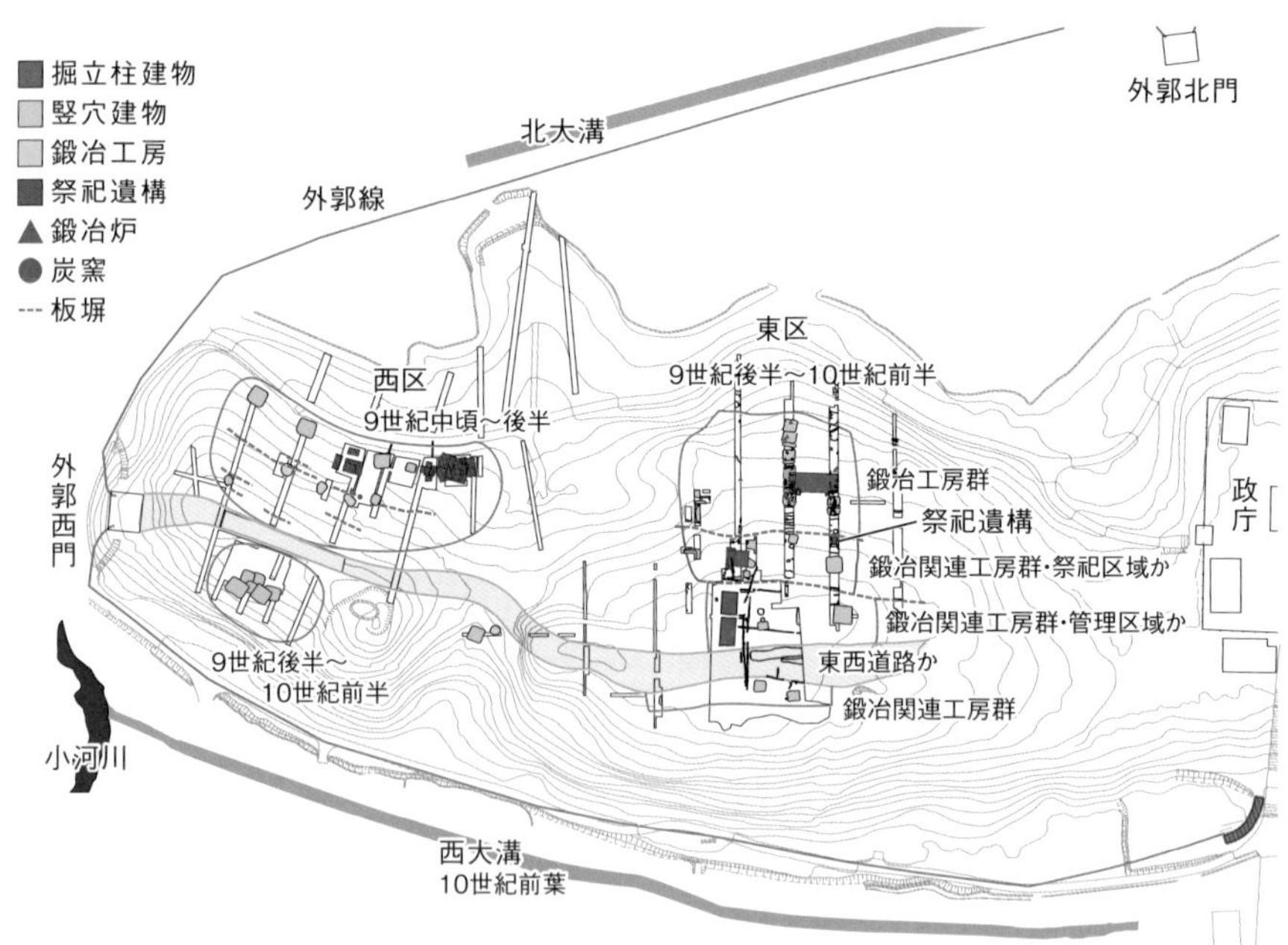

図30 ● 長森丘陵西側の鍛冶工房域
長森丘陵西側の頂部から北側斜面にかけて鍛冶工房域が広がり、鞍部を境界として東西に区分される。高橋学は、鍛冶工房が約250棟あったと推計し、その背景に蝦夷への鍛冶技術の伝習があったのではないかと考えている。

漆を塗る製品、それは甲(よろい)や冑(かぶと)だ。秋田城では、漆塗りの革製小札(こざね)（甲を構成する小さな板状の素材）が、徳丹城では、木製の漆塗りの冑がみつかっている。鍛冶工房と漆工房がセットで存在するということは、柵内で武具生産がおこなわれていたことを間接的に示している。ほかにも、建物の建築や改築などに必要な釘、工具のほか、農耕や紡績などにかかわる生産用具もつくられていただろう。ちなみに東区では仏鉢形土器や施釉陶器、渤海産の可能性のある瓦質土器が出土している。鍛冶と関係ないこれらの遺物は、工房域での祭祀活動があったことを暗示している。

鍛冶工房の主要な時期が九世紀中頃〜一〇世紀前半、とくに九世紀後半を中心とすることには注意したい。政庁東方地区でも同時期には鍛冶や漆塗りなどの工房域が展開する（四三ページ）。ということは、九世紀後半に鉄製品と漆塗り製品、つまり武器や武具が大量に必要となった事情があったと考えるのが自然である。この時期は政庁第Ⅱ期にあたり、政庁第Ⅲ期の規模拡張へと向かう準備段階といえる。後述するように（五三ページ）、九世紀後半は払田

図31●鍛冶工房域西区（東より）
奥に外郭西門が見える。このエリアは南側斜面まで工房域がのびている。

鍛冶工房内で工人が作業するために足を入れる穴に鉄床石（かなとこいし）が投げ込まれている出土状況。

東区の鍛冶工房群（北より）

右は鍛冶工房の調査状況。黒い楕円形のプランの脇に焼土がみえる。左は焼土の中から出土した大量の土師器。工房使用後に廃絶儀礼がおこなわれたと考えられる。

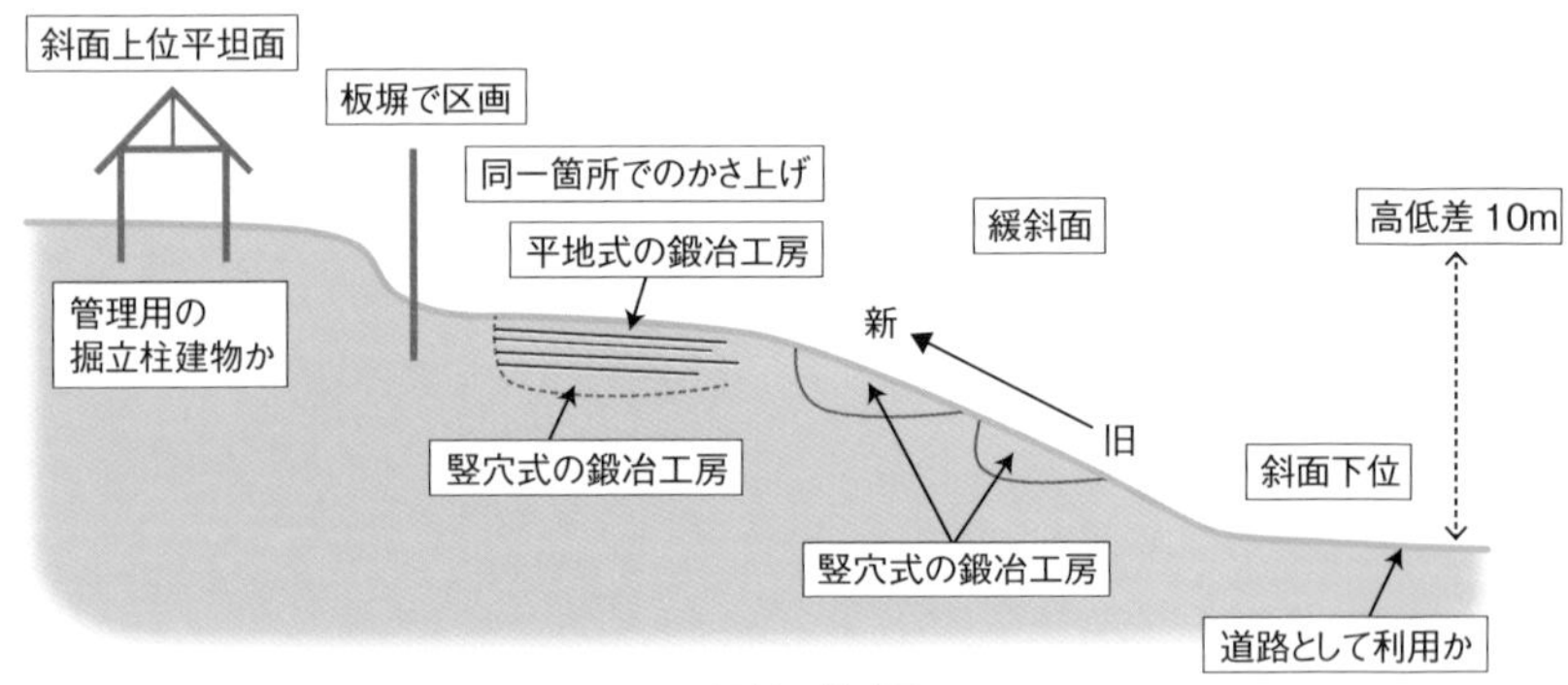

工房断面模式図

図32 ● 長森丘陵の鍛冶工房域東区

雛壇状に造成され、のべ約250棟の工房跡があると推計される。調査した高橋学は蝦夷へ鍛冶工房のつくり方から教える場ではなかったかと推測している。鍛冶工房は、斜面下から上に向かって順につくられ、竪穴式から平地式に変化する。

柵周辺で遺跡が急増する時期でもある。また、この時期には前述の「元慶の乱」が起こっている。こうしたなかで鉄製武器の需要が急激に高まったのではないだろうか。

当時の最先端技術を示す鍛冶工房群が北側斜面に立ち並ぶ景観は、蝦夷を威圧するのに一役買ったものと思われる。そう考えると、蝦夷の領域と接する城柵にとっての北面は、「裏側」ではなく、蝦夷に対しての「正面」であった。また、律令国家側の観念として、南面は「朝廷」に、北面は「蝦夷」に向けられるという対極的二面性が城柵にはあり、それが朝堂院形式にならいながらも、城柵の構造に反映されていたといえる。なお、払田柵の工房域の利用は一〇世紀前半までにとどまっており、その後この区域での活動はみられなくなる。

曹司域

曹司(そうし)とは、実務行政をおこなう施設のことである。払田柵では、外郭内側の長森東方地区と、外郭外側の南門南東官衙域・南門南西官衙域の三カ所があげられる（**図35**）。

長森東方地区　七期に区分される（**図33**）。政庁の五期の変遷との対応関係をみると、少しずれながらも連動している様子がうかがえる（**図60参照**）。

創建段階直前には竪穴建物が五棟あり、政庁北側斜面と同様、創建にかかわると考えられる。その直後、創建段階のA期には掘立柱建物二棟が建てられる。南北棟と東西棟が直交して配され、なかでも南北棟の建物は桁行五間×梁行二間で、政庁の脇殿に匹敵する規模をもっている（**図34**）。柱はすべて抜きとられ、その規模にもかかわらず非常に短期間の造営だったよう

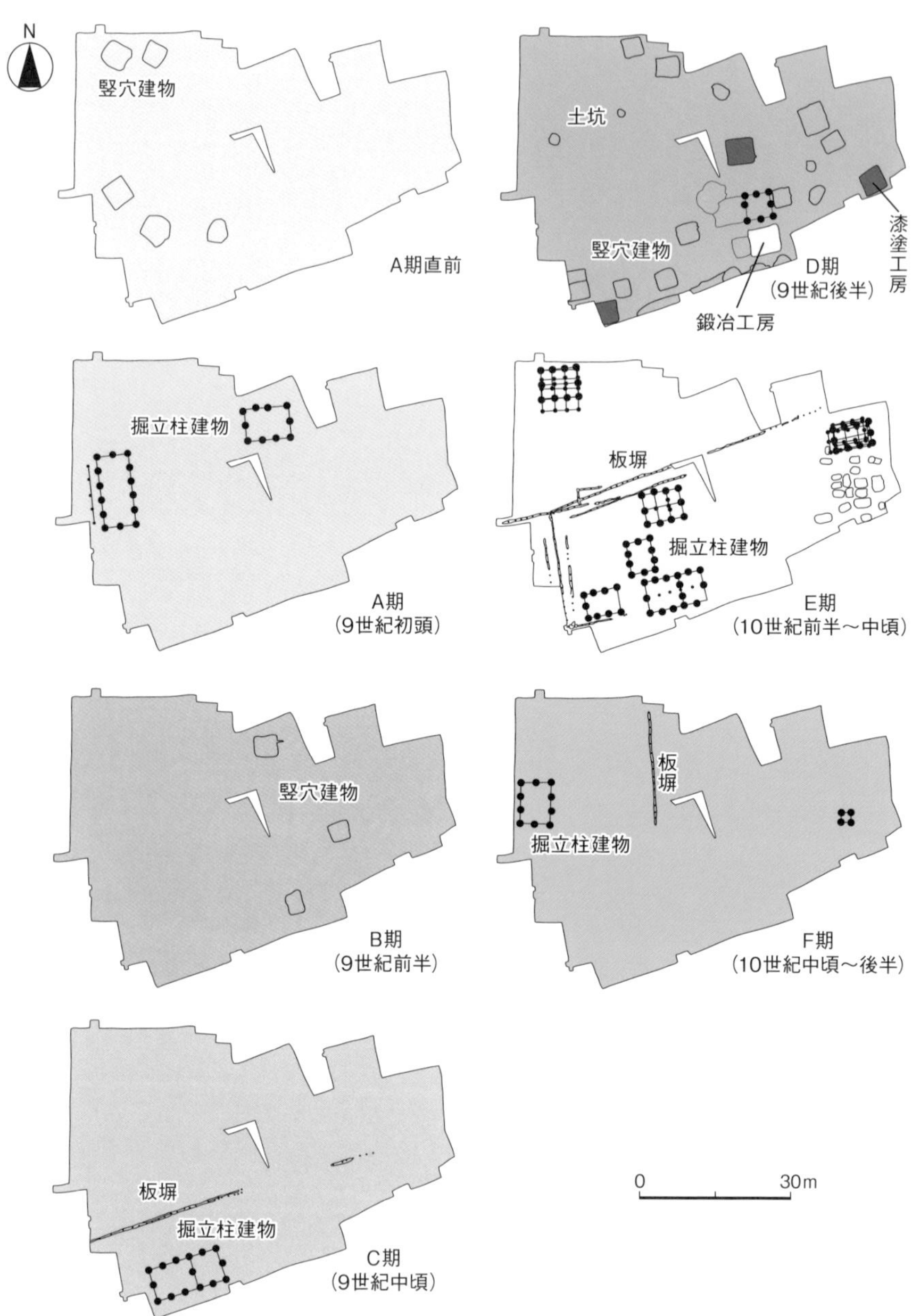

図33 ● 長森東方地区の変遷
政庁とともに全期間利用されているエリアだが、遺構の種類をみると、時期によって利用のしかたが大きく異なっている。

だ。児玉準は、払田柵の創建にかかわる特別な儀式のために建てられ、儀式終了とともにすみやかに解体・撤去された可能性を考えている。儀礼のための臨時的な大型建物は、現在でも大嘗祭でみることができ、それらも儀式後に撤去される。

その後、九世紀中頃（C期）にも政庁脇殿と同規模の大型建物が建てられる。この建物の北は板塀で区画されており、中心的施設だったと考えられる。

九世紀後半（D期）には、竪穴建物一七棟が検出され、鉄滓・フイゴの羽口などのほか、「小勝」「官　小勝」の墨書土器が出土している（**図46参照**）。さらに一棟の建物から第二〜五号漆紙文書も発見され（六九ページ参照）、この一帯が鍛冶工房や漆工房であったことをうかがわせる。

つづく一〇世紀前半〜中頃（E期）には、板塀による区画施設をともなう掘立柱建物六棟が整然と並ぶようになる。工房域から一転し、曹司としての機能が整えられたことがわかる。終末期にあたる一〇世紀後半（F期）には建物群の規模は格段に小さくなる。

外郭南門南東官衙域　掘立柱建物が三棟検出された（**図35**）。出土遺物から九世紀代と考えられる。このうちもっとも規模が大きい建物は、創建期に建てられた南庇付きの東西棟（桁

図34●**長森東方地区のA期（創建期）の南北棟の建物**（北より）
政庁脇殿に匹敵する規模の建物。特別な儀式のための建物という考えのほかに、創建時に出羽権守となった文室綿麻呂（ふんやのわたまろ）にかかわる建物ではないかとの見方もある。

行五間×梁行二間）であり（**図35①・図36左**）、政庁正殿より規模が一回り小さいものの、正殿と同一構造をとる。外郭の外にあるとはいえ、払田柵にとって重要な施設であったと考えられる。建物の南側からは屋外カマドが一基検出されており、付近の遺物包含層からは「官」「厨」と記された墨書土器が出土した。「官」は官物であることを、また「厨」（**図36中**）は厨房に備えおくことを示す。建物の前面は、九世紀代には調理作業をともなう広場的な性格を有

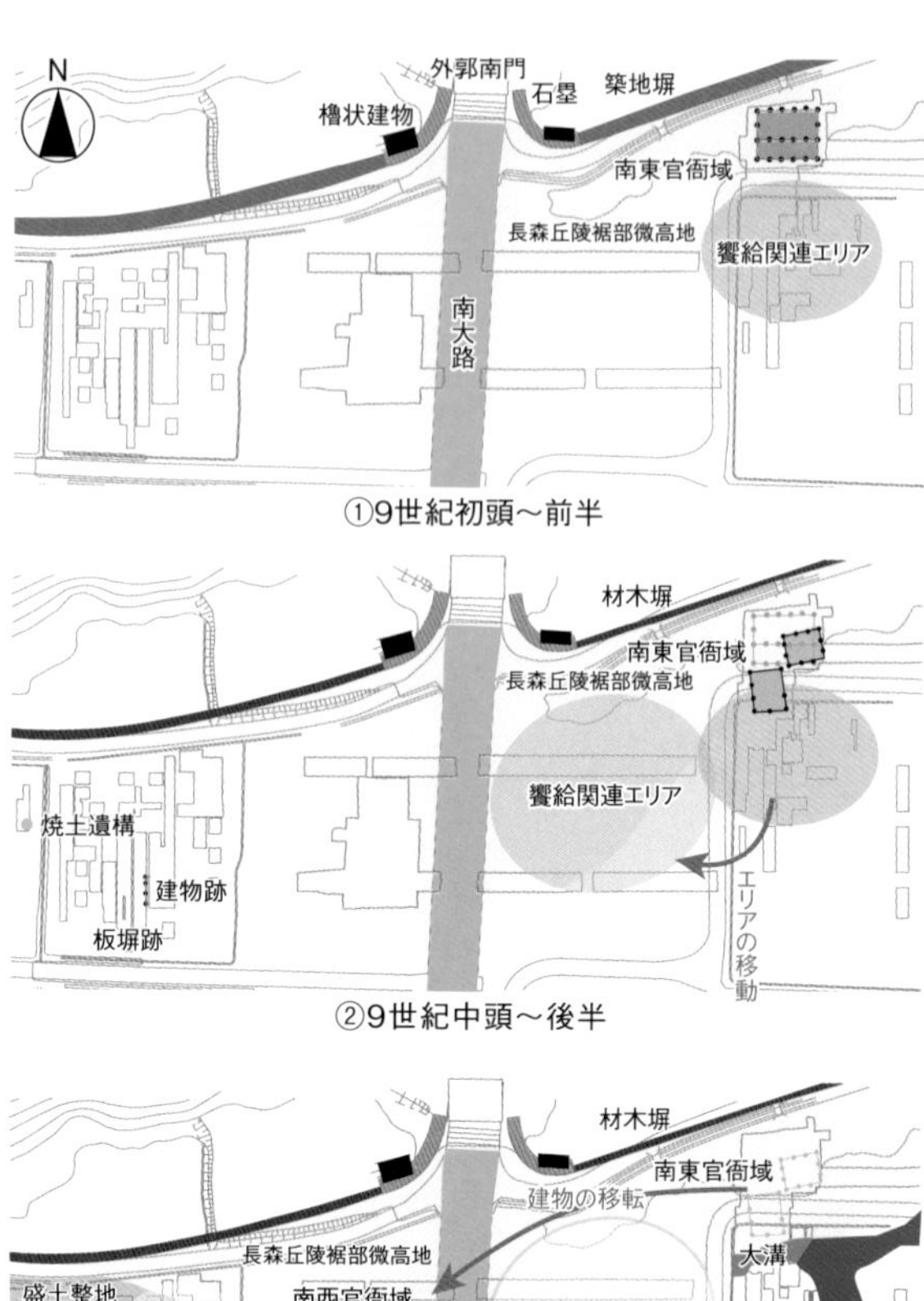

①9世紀初頭～前半

②9世紀中頃～後半

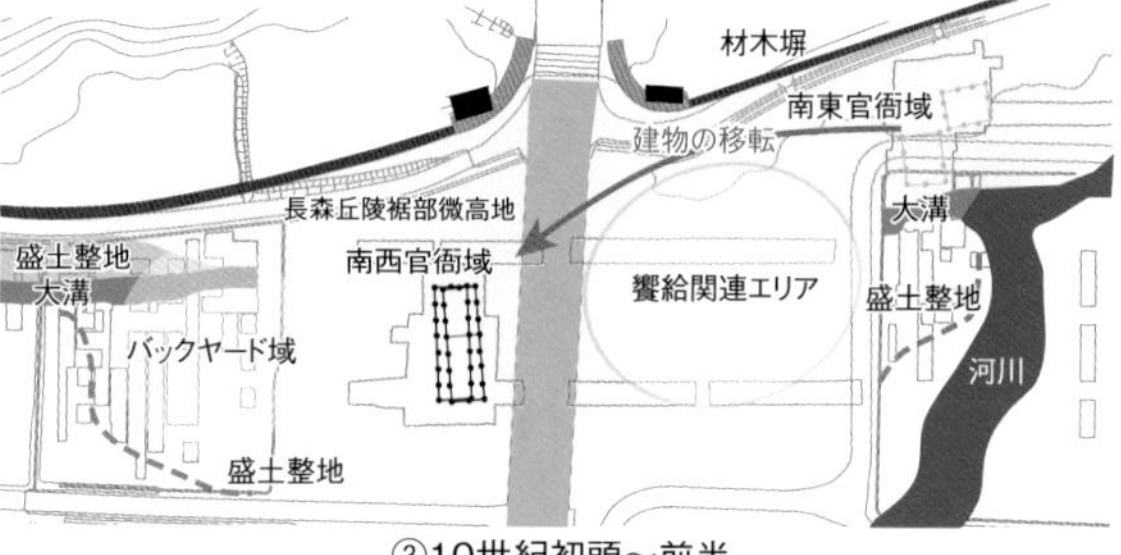

③10世紀初頭～前半

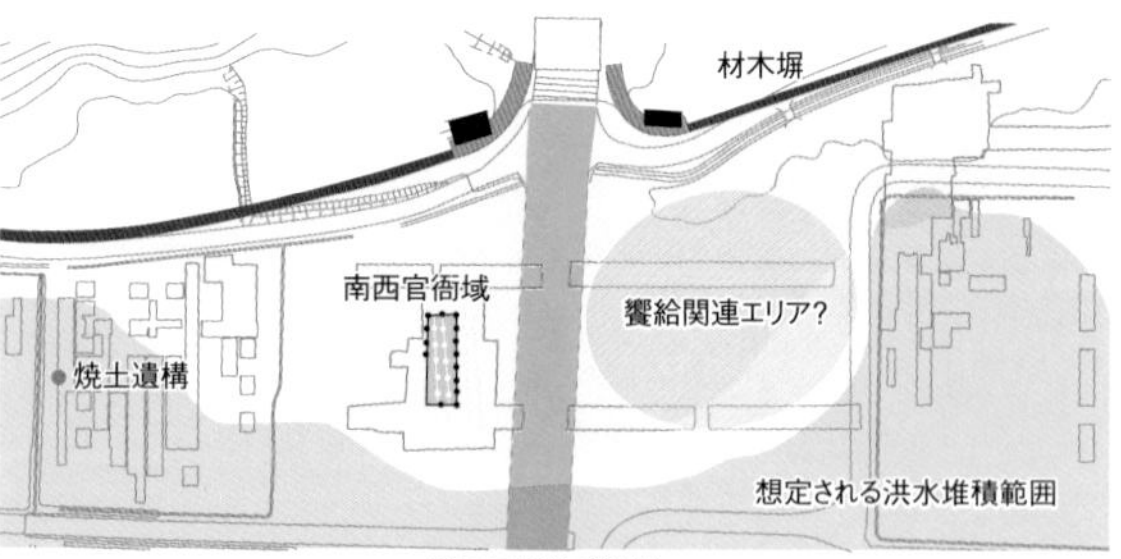

④10世紀後半

図35 ● 外郭南門前面エリアの変遷

南大路を挟んで、外郭南門南東官衙域と同南西官衙域に分けられる。蝦夷の饗給エリアとして重要な場所である。南西建物は10世紀初頭以降、4回建てかえられているが、9世紀段階にはその西側に存在していたと考えられる。

していたと考えられる。八三〇年（天長七）もしくは八五〇年（嘉祥三）の地震で築地塀が倒壊（図19中段）したことにより、この建物も壊れ、その後、二棟に分けて建て直された。それにともない、広場は西側の微高地に移されたようだ（図35②）。

第九四次調査では、このエリアの性格を考えるうえで重要な発見があった。それは、「小□〔針カ〕巾〔部〕□〔公カ〕調米五斗」と記された第三三号木簡である（図36右）。

「調」は特産物を納める税のことで、出羽国では米または狭布（せばぬの）が指定されていた。「調米」とは服属した蝦夷（俘囚）に支給する米のことである。陸奥・出羽では徴収した米を京には運ばず、蝦夷への饗給や支給米として供出してよいことになっていた。この木簡は、小針（尾張か？）部の何某が貢納した調米五斗の付け札である。この場で荷が解かれたのであろう。

また、建物跡前面の低地には盛土整地された範囲（広場）がみつかった（図35③）。厚さ一〇～二〇センチほどの固く締まった粘土層で、粉々にした土器片が混ぜられている。盛土整地の上面には十和田a火山灰（五八ページコラム参照）が薄く堆積しており、その上を一〇世紀後半の洪水堆積層がおおう。火山灰と出土

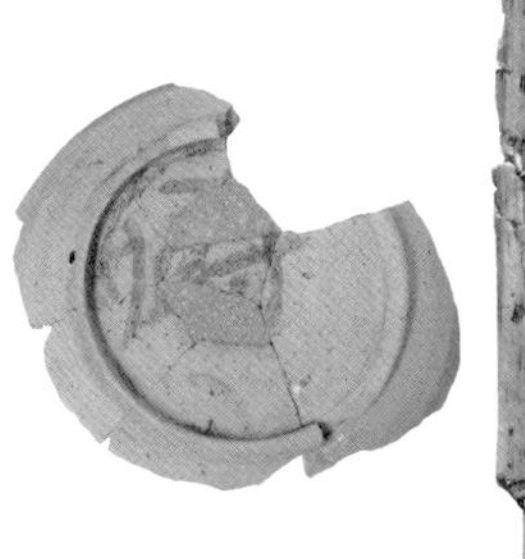

図36●外郭南門南東建物跡（左）**と「厨」墨書土器、第33号「調米」木簡**（右）
政庁正殿に次ぐ規模の南庇付き建物跡。1回の改修を経たのち、9世紀中頃に二棟一対に建てかえられる。最初の建物の柱穴から「調米」木簡、周辺から「厨」墨書土器などが出土し、蝦夷への饗給がおこなわれたエリアと考えられる。

土器から、盛土整地は政庁第Ⅲ期にあたる一〇世紀初頭におこなわれたと推測される。この広場と第三三号木簡がもっている意味の重要性については後述する。

外郭南門南西官衙域　この地区では、長軸を南大路に沿わせて四回の建てかえがある一〇世紀代の建物が確認された（図35③④）。南東官衙域の建物廃絶後に、この南西官衙建物が建てられたと考えられている。その建物の西側について、南東官衙域と比較するための調査がおこなわれ、同様の時期の盛土整地が確認された。つまり、一〇世紀初頭、外郭南門前面の長森の裾を南へ拡張する盛土整地がなされていたのである。しかし、整地上からみつかった遺構は南東官衙域と様相を異にしており、盛土整地がなされた直後に土師器焼成遺構（払田柵跡では初）、その後の十和田a火山灰降下後には複数の鍛冶炉がみつかった。

近年、さらに九世紀代にさかのぼる活動の痕跡を探すため、盛土整地の下を部分的に掘削すると、前述の南西官衙建物に匹敵する大きさの柱穴が、九世紀後半代の地層上面から三基並んで発見された（図35②）。柱材はすべて抜きとられていたが、柱が据えられていたことを示す木屑がまとまってみつかった。全貌を明らかにするには盛土整地をすべてとり除かないといけないため、史跡保護の観点からそれ以上の発掘はしていないが、従来の説のように南東官衙域の建物を南西官衙域に移設したのではなく、九世紀代には外郭南門前面の東西に建物があった可能性が高くなってきた。

払田柵の終末期である一〇世紀後半になると、盛土整地は河川の洪水による堆積層におおわれてしまい、活動の痕跡はほとんどなくなる（図35④）。

外郭南門前面の機能

外郭南門の南東・南西官衙域は、どういった場所だったのだろうか。発掘調査成果と文献史学者たちの知見をもとに、「調米」が蝦夷への饗給に使われたとすると、南東官衙域の建物とその前面の広場は、厨房機能を備えた蝦夷の饗給エリアだったのではないか、と調査事務所の担当職員らは推測した。従来、饗給エリアはどの城柵でも政庁正殿前の広場と考えられていたため、そうした固定観念をくつがえす注目すべき仮説である。

一方、南西官衙域は、建物の機能については不明であるが、土器焼成や鍛冶作業の場があった。五十嵐一治は、正面玄関にあたる外郭南門前でおこなわれる、一見裏方作業のようなそうした行為について、城柵の生産力を蝦夷に誇示しつつ儀礼的な活動をしたことを示しているのではないかと推察している。また、外郭南門前の東西区域の盛土整地エリアと外郭線との境界から、幅三～四メートル、深さ一メートルほどの大溝がみつかった。

6　柵内のその他の調査

大溝の発見

大溝は、外郭南門南東・南西官衙域の盛土整地面で検出された。大溝内の出土土器は、盛土中の土器と同じく一〇世紀前半のもので占められ、埋土中には十和田a火山灰が一次堆積している。この火山灰は整地面にも堆積していた（図37）。

こうした状況から、盛土整地と大溝は一〇世紀初頭の同時期につくられ、盛土整地の直後に大溝が掘削されたと理解される。大溝の埋土は自然堆積で、掘削後から自然に埋没していき、その過程で十和田a火山灰が降下した。この大溝は何だったのだろうか。

南東官衙域の大溝（東大溝）は、古代の河川に接続していることが五十嵐によって確認された。私が引き継いだ二〇一八年の調査は、南西官衙域の大溝（西大溝）がどのように西側へのびているのかを明らかにすることが目的の一つとなった。

大溝を追いかける

大溝がのびているはずの場所にトレンチを設定し、探索に乗り出したが、盛土整地を越えてさらに西へのび、沖積地に入ると土の見極めが一気にむずかしくなった。なぜなら、沖積地上に大溝が掘削されていたとすれば、その溝内を同じ沖積地の土が埋めているからだ。同質の土を識別するのは困難を極める。このエリアは、一〇年ほど前、沖積地の利用実態を検討するために調査していたが、大溝は検出されていなかった。

しかし、引き継いだ調査では大溝がのびているはずだという新たな予測があった。そこで、かつての調査記録を調べなおしてみると、トレンチの掘削は

なにもないところを掘削…自然層（1～3層）の逆転層位

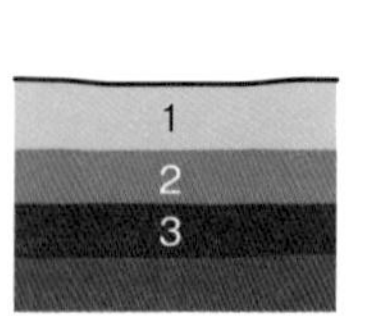

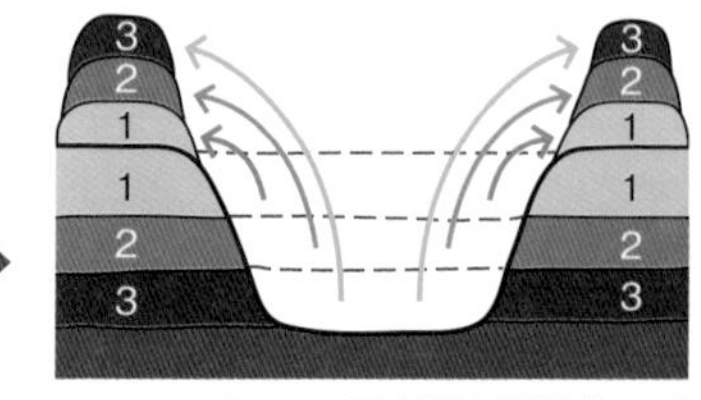

図37● 西大溝掘削模式図（左）
土層観察の結果、自然層の逆転相違が土手状に確認され、古い溝の再掘削や浚渫の痕跡はなかった。

一〇世紀後半の洪水層上面で止めていることがわかったので、その下を思い切って掘り抜いた。すると、埋まりつつある大溝内に堆積する火山灰が検出されるとともに、目が土になれるにしたがって大溝断面の輪郭がみえてきた。

そのまま西側へいくつかトレンチを設定し、同様の掘削深度で西大溝を検出していった。二〇〇メートルほどのびていることを確認したところでトレンチから出て、往時の光景を思い描いてみた。すると驚くべき姿が目の前に浮かんできた。それは、外郭線に沿って材木塀と大溝が並行して走っている光景だ。あたかも城の外堀のようだった（図38）。

その時、長森北側にも大溝（北大溝）が、みつかっていたことを思い出した（図39）。北大溝は創建期に材木を運ぶための運河として、また北側低地の排水溝として開削されたと考えられている。しかし、長森南側の東・西大溝の発見と合わせることによって、別の可能性が出てきた。それはつまり、長森をとり囲む防御施設としての役割だ。

西大溝の西端は、最終的に長森と真山の間を流れる河川に接続していることが確認された。つまり、大溝は河川とつながって長森を

図39 ● 外郭線北側の北大溝（西より）
大溝にかかる木橋の痕跡も検出された（写真中央部）。創建時に材木を運ぶことを主目的としつつ、排水溝や防御の意味合いもあったと考えられた。

図38 ● 西大溝が走る南西官衙域
外郭南門の石塁から画面中央の車に向かって10世紀代には外郭材木塀がのびる。それに並行して大溝跡が材木塀の外側を走る。

めぐっていたのである（図40）。大溝が石塁や材木塀とともに外郭線を構成する区画施設の一つであるとすれば、一九三〇年（昭和五）の第一次調査以来、区画施設を構成する遺構を新たに「発見」したことになる。

大溝の意味

これまでの調査と地層の詳細な検討の結果、東・西大溝の開削時期は、一〇世紀初頭をさかのぼらないと判断している。北大溝は、発掘調査時の所見では創建期の開削と考えられていたが、東・西大溝と同様の規模と形態、埋土の堆積状態から、やはり一〇世紀初頭の開削ではないかと私は推定している。

一〇世紀初頭は外柵が放棄されて半世紀が経過し、政庁が最大規模となる政庁第Ⅲ期、長森東方地区が官衙域としてもっとも整備される時期に相当し、長森西方地区では鍛冶工房域の操業が盛行する最終段階にあたる。外郭南門を扇の要とした盛土整地による広場造成もされている。まるで政庁を含む払田柵全体を大改修し、その構造を刷新したかのようにみえる。大溝の掘削はこうした一連の大規模改修事業と関連づけて理解できる。

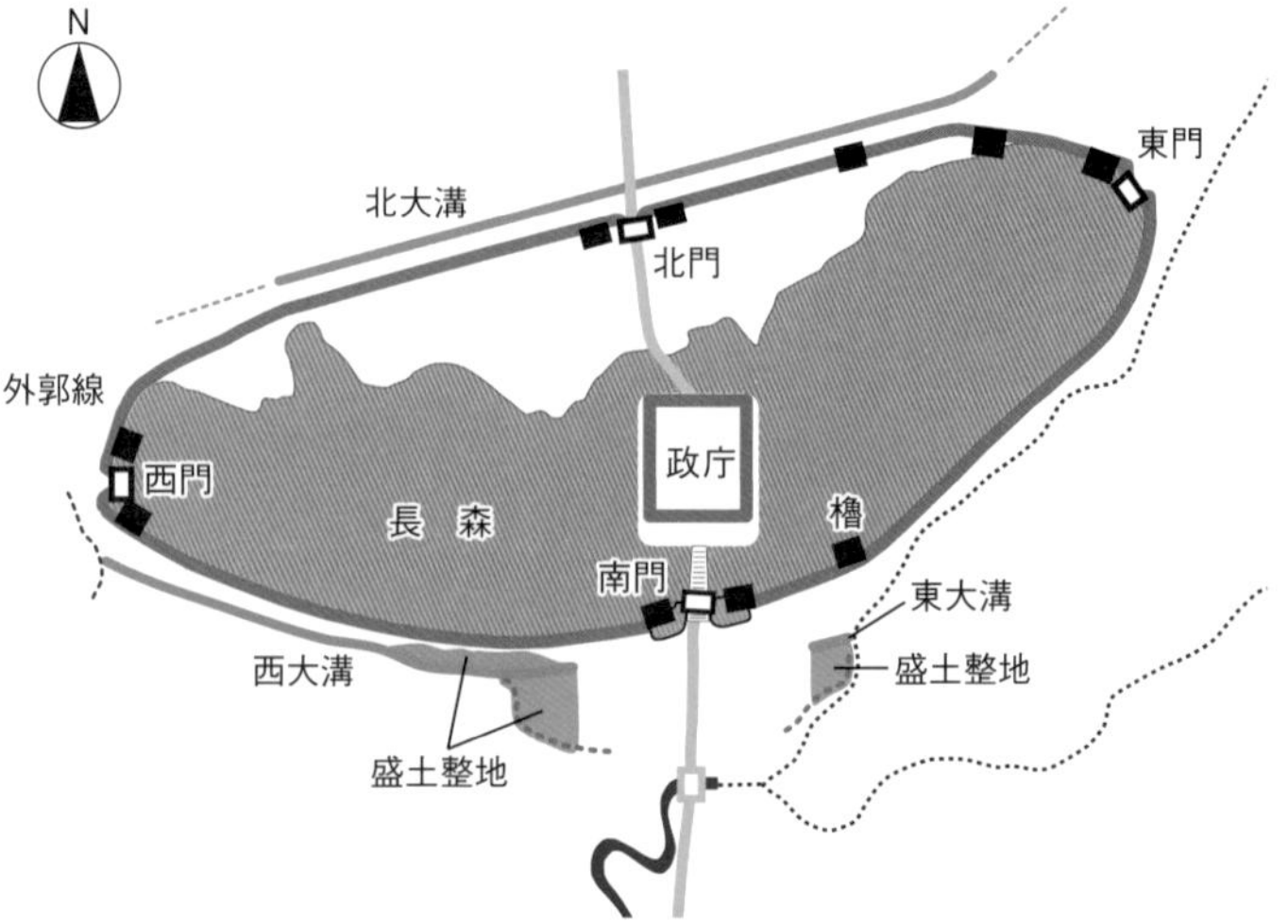

図40●大溝と河川に囲まれた政庁
10世紀初頭（政庁第Ⅲ期）には大溝と河川が長森丘陵を囲み、区画（防御）施設の外縁をなしていた。東西大溝が南大路のところでどのようになっているのかは、未調査のため不明。

東・西大溝は浚渫（しゅんせつ）されることなく、一〇世紀後半の洪水堆積物によりほぼ埋没する。これは継続的な管理がなされなかったことを示している。すなわち、排水や運河の機能を積極的に維持した状況を見出すことはできない。大溝開削の目的は、大改修に際して外郭区画施設を景観上、新たに整えることだったのではないかと考えられる。

大溝は、十和田a火山灰降下時点で深さの半分以上が埋没している。しかし、だからといって大溝の防御的・景観的機能が完全に失われたというわけではない。長森や地下から湧出する水をたたえた大溝は、たとえ浅くともその景観は損なわれないだろうし、攻めてきた敵の足をいったんは止める役割をはたせる。また、足を大溝に踏み入れたとすれば、ぬかるみにはまり、動きが制限されたであろう。足さえ止められれば、櫓から弓矢で射止められるので、浚渫をせずとも防御的機能が損なわれるわけではない。外郭施設である材木塀等の外側に並行してめぐる、区画施設としての大溝は、太平洋側の城柵では一般的であり、払田柵と同時期に造営された胆沢城や志波城でも確認されている。一方、日本海側での確実な事例は未発見であった。

沖積地の竪穴建物

真山と外柵西門の間の沖積地からは、九世紀前半代の竪穴建物が第六次調査でみつかっている。柵内の沖積地での竪穴建物の発見はこれまでほとんどなく、貴重な事例だ。

近年おこなわれた第一五五次調査では、大溝を西へ追いかけるなかで、外郭西門の南側から九世紀前半代の竪穴建物がさらに一棟みつかった。建物内部の床面から樹皮が出土し、なんらかの木材加工をおこなう工房の可能性が指摘されている。創建期には払田柵造営にかかわって、沖積地の微高地上に竪穴建物が分布していたようだ。

真山の調査

真山とその周辺は民有地が多く、調査は進んでいないものの、何度かトレンチ調査をおこなってきた。真山は一三世紀以降、中世城館である「堀田城」が築城された記録があり、大規模な地形改変がなされている。そうしたなかであっても、東斜面地から一〇世紀前半の火葬墓がみつかり、政庁第Ⅲ期のころは、墓域となっていたことがうかがえる（**図41**）。

創建期に外柵の内部にとり込まれている以上、真山もなんらかの役割を担っていたのだろう。その機能としては、烽火（のろし）台の可能性も指摘されているが、そもそも防衛上、真山をとり入れなければ西側の見通しがきかず、創建段階では、とりあえず柵で囲っておかなければ危険だったということもあるだろう。

図41 • 真山でみつかった10世紀代の火葬墓（南東より）
長さ105 cm・幅85 cmの土坑内に甕を埋納している。甕内には火葬骨のほか、少量の砂が入っており、密教の修法である「土砂加持」との関連も考えられている。

7　払田柵創建後の周辺環境

払田柵創建後の周辺遺跡

払田柵跡周辺で遺跡数が急激に増加するのは、政庁第Ⅱ～Ⅲ期にあたる九世紀後半から一〇世紀前半だ。それらの多くが集落遺跡であり、河川や山麓・扇状地に沿って分布する（図10）。

払田柵跡南東側に隣接し、九世紀後半～一〇世紀前半の祭祀場と考えられている厨川谷地（くりやがわやち）遺跡の河川跡とその周辺からは、斎串（いぐし）や人形（ひとがた）・馬形（うまがた）・鳥形（とりがた）などの各種木製祭祀具、「五芒星（ごぼうせい）」などのまじないの記号や文字が書かれた墨書土器や漆器とともに、木簡が出土した（図42、第3章参照）。本来、払田柵と一体的にとらえるべき遺跡といえる。

払田柵跡から北西約三・四キロには、九世紀後半～一〇世紀初頭の水田が検出された半在家（はんざけ）遺跡がある（図43）。一〇世紀初頭（十和田a火山灰降下直前）の大畦畔は東西、南北方向にのびており、条里

五芒星墨書土器

木製祭祀具の出土状態

図42 ● 厨川谷地遺跡（南東より）**と五芒星墨書土器**（右上）、**祭祀土坑**（右下）
調査区内に黒く蛇行した河川跡がみえる。この河川に面して律令祭祀がとりおこなわれていた。祭祀土坑からは、各種祭祀具とともに斎串が突き刺さった状態で出土した。

図43 ● 半在家遺跡（上、北西より）**と水田跡**（下右、北より）
払田柵跡から北西へ約3 km。遺跡からは斎串や銀色に美しく発色する内黒土師器（下左）が出土し、農耕儀礼がおこなわれていたことがうかがえる。

の可能性が指摘されている。

払田柵跡の真南三キロにある太田遺跡からは九世紀後半代の「計」銘の墨書須恵器坏が出土した（**図44**）。東北地方では、白河郡家と推定される福島県関和久遺跡で「計倉」と判読できそうなものが知られるほかは類例がない。この周辺は安城寺地区というが、古代山本郡の定額寺「安隆寺」（『日本三代実録』貞観一二年一二月八日条）に由来するのではないかとの説がある。「計」が税にかかわるとすれば、この一帯のどこかに山本郡家が眠っているのかもしれない。

近年、払田柵跡の南側を西流する丸子川を一〇キロほどさかのぼった奥羽山脈西麓の川端山Ⅱ遺跡で、九世紀代の須恵器窯跡がみつかった。隣接する川端山Ⅲ遺跡では、九世紀後半の猿投窯産の緑釉陶器が出土している。また、南鎧ヶ崎遺跡では、東西に並んだ二基の基壇上に礎石が並んでみつかり、礎石建ちの寺院と推定されている。ここからは一〇世紀末のかわらけが出土しているが、遺構との関係は定かではない。現在、「四天地」とよばれる地域だけに、地名と遺構のかかわりがうかがえて興味深い。

道路から想定される条里制

外柵南門の前面には現在、県道50号大曲田沢湖線が東西方向に走っている（**図45**）。西へのびる突き当りは大平山の山頂にぶつかり、一方で東の先には、真昼山山頂に三輪神社奥宮がある。大平山に連なって北には神宮寺岳があり、

図44 ● 太田遺跡出土「計」墨書土器

その山頂には式内社の一つである副川神社があった。これは偶然だろうか。この東西道路は、かねてから古代にまでさかのぼる可能性が指摘されている。古代にまでさかのぼるとしても、外柵と交差してしまうため、同時に存在したとは考えにくい。ただし、外柵は九世紀前半で役目を終えているため、東西道路を外柵廃棄後の敷設と考えれば、外柵と重なっても問題ない。

県道50号と直交する南北道路にも注意したい。秋田県埋蔵文化財センターの東側を走るこの道路は、払田柵跡へと延長すると、外郭南門にちょうど行き当たる。一方で、九世紀後半には廃絶される外柵南門とはややずれている。東西・南北に走る現代の道路が古代にまでさかのぼり、位置もほぼそのままだとすれば、外柵放棄後の九世紀後半に払田柵を中心に敷設されたことを示していると考えられ

図45 ● 古代条里の推定（右）**と現代の道路上の外柵ライン**（左）
発掘調査をしてみなければわからないが、払田柵跡を起点に東西南北に道が走っているようにみえる。城外南大路をまっすぐ南にのばせば、太田遺跡、「安城寺地区」に行き当たり、その周辺に重要な遺跡が眠っている可能性がある。

なくもない。これら現在の道路が古代に起源があるのかについて、考古学的確証はないが、そう仮定すると、周辺の遺跡分布の傾向と合わせて一つの興味深い姿が浮かび上がる。

すなわち、九世紀初頭、ほぼ未開拓の地に払田柵が創建され、外柵が放棄された九世紀後半以降、払田柵を含めて周辺の土地計画が整備され、東西・南北に道路が敷かれるようになり、集落が増加したという景観上の変化である。外郭南門から南へのびる道路について、元秋田県埋蔵文化財センター所長の大野憲司は「城外南大路」と想定している。

このように周辺遺跡も含めて現在までに集まっているさまざまな情報は、九世紀中葉を境として、この地域一帯に大きな画期があったことを示しているようである。また、この推定「城外南大路」を南下して丸子川を渡った先には、条里制との関連が強いとされる「一の坪」の地名を持つ東西・南北に沿った方格地割のような区域がある。周囲には、古代の北関東の地名との関連をにおわせる「上野田（こうづけだ）」という地名もある。ちなみに、七五九年（天平宝字三）の雄勝城造営の際には、坂東諸国の鎮兵・兵士を動員したことが『続日本紀』に記されている。

半在家遺跡から北東側一帯、払田柵跡の北方に広がる沖積地には、これも条里制とかかわりがあるとされる「八丁堀」といった地名や、八幡神社などのある方格地割状の区画を地図で確認することができる。こうしてみると、現代の水田の区画も、扇状地や河川などの自然地形に沿っている場所と、東西・南北に沿った場所とがある。これらが明治から昭和の耕地整理によるものなのか、古代にまでさかのぼる条里なのか、歴史地理学的手法のもとで今後検討しなければならない。

遺跡にみる自然災害

平安時代は、その名前とは裏腹に戦乱と災害が頻発した「不安時代」だった。東北地方では、八三〇年（天長七）と八五〇年（嘉祥三）の出羽国大地震、八六九年（貞観一一）には陸奥国多賀城付近での津波をともなう地震、八七一年（貞観一三）の鳥海山と九一五年（延喜一五）の十和田火山の噴火などが文献上に記録されている。

払田柵跡では地震による築地塀・石塁の倒壊（二六ページ参照）や十和田a火山灰を確認できており、文献にある記事を発掘調査で裏づけている。

十和田a火山灰　九一五年に、現在の青森県と秋田県の境に位置する十和田火山が噴火した際に、東北地方一円に降った火山灰のことである。『扶桑略記』には、延喜一五年七月一三日に「出羽国、灰雨ること高さ二寸、諸郷の農桑枯損の由を言上す」との記載があり、その際の被害状況を示すものとする説が出されている。

遺跡や遺構の年代を知るには、放射性炭素年代測定や年輪年代測定など、いくつかの方法がある。そして、それらの理化学的な方法によって噴出年代が推定されている火山灰も年代を知る手がかりとなる。とくに広い範囲に降下する広域火山灰は、遺跡間や地域間の比較をおこなううえでも有効だ。

たとえば、①遺構の中に十和田a火山灰がまったく認められないのであれば、火山灰降下（つまり、九一五年）以前に完全に埋没した遺構、②遺構を埋める土に火山灰が連続堆積していれば、埋まっていく途中で火山灰が降下した遺構、③土中に火山灰がブロック状に混在していれば、火山噴火後の火山灰混合土によって人為的に埋め戻された遺構と推定できる。

東北地方の古代遺跡の大まかな年代を知るうえで十和田a火山灰は非常に有用である。秋田県の米代川流域には、この噴火により発生した火山泥流・土石流（ラハール）によって、平安時代の集落がのみ込まれており、北秋田市胡桃館遺跡や大館市片貝家ノ下遺跡のように、時折良好な状態で当時の家屋の痕跡が発見されることがある。さながらイタリアのポンペイのようだ。ただし、近年、十和田火山の噴火年代をめぐる議論があり、九三二年噴火説も出されている。この議論を決着させるには、十和田噴火によるラハール中に埋もれた杉などを年輪年代測定するといったことが考えられよう。

洪水　払田柵跡周辺では、大規模な洪水が幾度となく起こっていたことが発掘調査によりわかっている。とくに一〇世紀前半以降の洪水は、丘陵周辺の低地をおおいつくした。

払田柵跡の南東約三・三キロにある九世紀後半代の集落跡である内村遺跡でも、竪穴建物などの遺構が、洪水による砂礫層でおおわれていたことが発掘調査でわかっている。

伊藤博幸は、こうした洪水は単なる自然災害ではなく、須恵器や鉄生産のための燃料、城柵造営のための建築材の確保のために進められた森林破壊によりはげ山が増加したことに起因するとしている。

洪水の起こる前段階にあたる九世紀後半には、払田柵内で鍛冶作業が活発化し、土器生産や周辺集落も急増した。九世紀後半の地層には、人間活動が盛んになったことを示す炭化材が多く含まれる。そして一〇世紀初頭には払田柵の大改修がおこなわれる。

直接的な証拠はないものの一〇世紀の温暖化とともに、払田柵を中心とした諸活動が洪水の引き金となった可能性は大きいだろう。

古い　　新しい

❶遺構の中の土に火山灰がない
→ 降灰前に遺構が埋没

❷遺構の中の土に火山灰がレンズ状に堆積
→ 遺構が埋まる途中で降灰

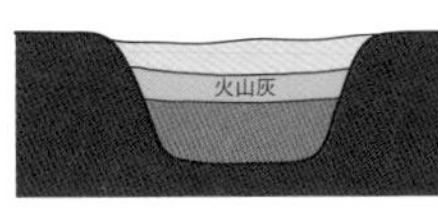

❸遺構の中の土に火山灰がブロック状に混在
→ 降灰後の土を使い、人為的に遺構を埋め戻し

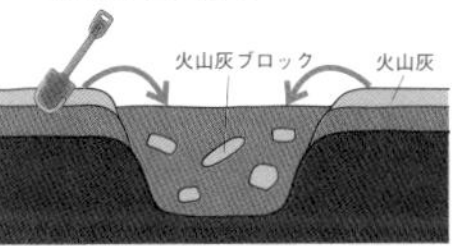

火山灰は遺跡・遺構の年代を知る手がかり

第3章　出土文字資料は語る

出土文字資料とは、地中からみつかった文字の書かれた遺物のことで、生の文字情報であるとともに、考古学的な情報も兼ね備えた資料として重宝される。払田柵跡からは墨書土器や刻書土器、木簡、漆紙文書がみつかった。本書ではそれらのなかでも、払田柵の性格を考えるうえで、とくに重要と思われるものを選んで紹介しよう。

1　墨書土器・刻書土器

払田柵跡では、これまでに「官」「厨」「館」「秋」「缶舎」などの文字が書かれた六七四点の墨書土器や刻書土器が出土している（図46）。墨書土器は土器焼成後に墨で書かれたもので、刻書土器は焼成前後に文字が刻まれたものである。

これまで払田柵跡でしか出土していないのが、「懺悔（ざんげ）」墨書土器だ。一九三〇年（昭和五）

にみつかり、現在、所在不明となっている。『類聚三代格』承和一三年（八四六）の太政官符には、「諸国に仏名懺悔をおこなわせるべきこと」が記されており、この土器は仏名懺悔の日である一二月一五日からの三日間に払田柵で用いられたと推測されている。

払田柵跡でもっとも注目されてきたのは「小勝」「小勝借」「官　小勝」などと書かれた七点の「小勝」銘須恵器である。山本郡に所在する払田柵が、雄勝城や雄勝郡となんらかの強いかかわりがあることを示しており、払田柵＝第二次雄勝城説（第4章参照）にとって有利な資料とされている。

兵士に関するものとしては、「一少隊御前下」と書かれた墨書土器が外郭北門整地層からみつかっている。

また、外郭北門付近から「北預」と書かれた土師器坏が出土した。国立歴史民俗博物館の三上喜孝によると、「預」と

刻書土器「出羽□□／郡□男賀／凡酒坏」

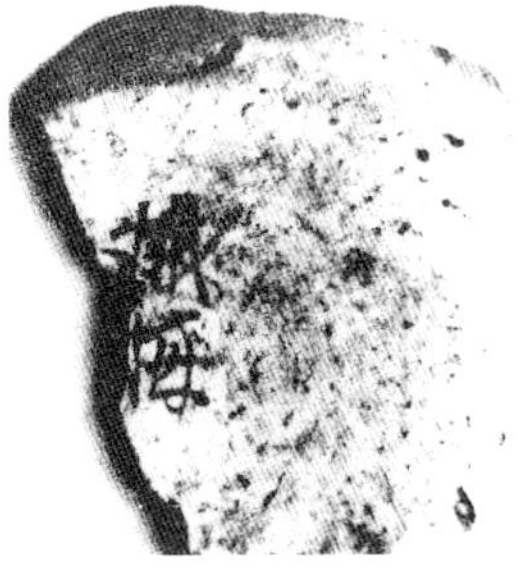

墨書土器　左：「一少隊御前下」、中：「小勝」、右：「懺悔」

図46 ● 刻書土器（上）**と墨書土器**（下）
儀式や饗宴に供される墨書土器は使用直前に文字が書かれることが多いが、刻書土器は焼成前に文字が刻まれていることから、あらかじめ用途を限定して用意されたものといえる。

は一般に「長官の下にある職」であるという。

刻書土器には「出羽□□／郡□男賀／凡酒坏」と焼成前に文字が刻まれたものがある（図46上）。文意は不明だが、酒をともなう宴席に用いられた坏であろうか。

これらの墨書・刻書土器は、土器の形態的特徴や文字の書き方から、ほとんどが九世紀代に位置づけられている。とくに「小勝」銘墨書土器は、七点とも九世紀後半のものである。

2 木簡

払田柵跡出土木簡

第一号木簡　一九三〇年（昭和五）、高梨村による調査時に「ホイド清水」で文字の書かれた木片が発見された。「□件糒請取閏四月廿六日寺書生仙□氏監」と記されていることが、後藤宙外の手による実測図からわかる（図47）。糒（ほしいい）とは備蓄用の焼き米のことだ。木簡の実物は残念ながら現在、所在不明となっている。三重県柚井（ゆい）遺跡と並んで国内最初期の木簡の発見である。同じく「ホイド清水」で発見された第二号木簡について、藤井東一は、一九三〇年、濱田耕作の『通論考古学』にある中国の敦煌（とんこう）の木簡と比較し、「木簡と云うものとよく似ている」と記している。はじめて木簡について記された文献である。

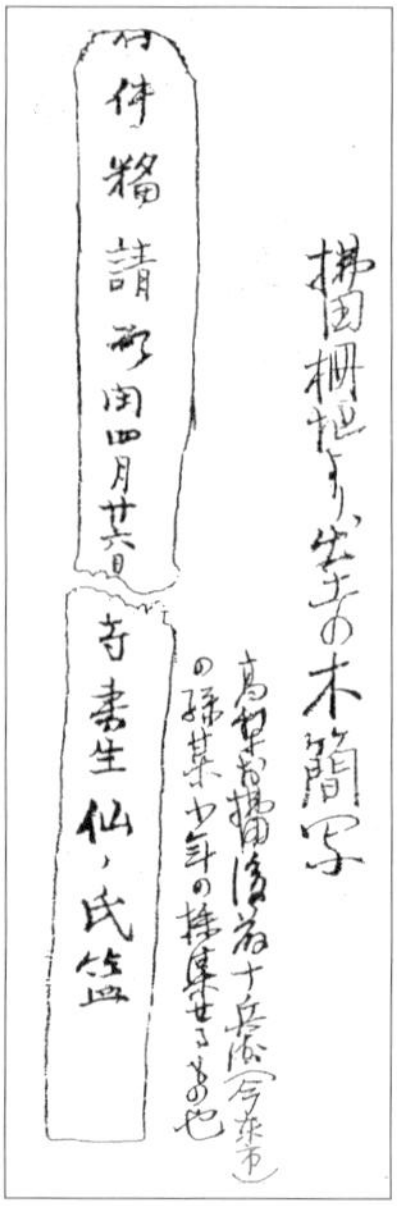

図47●第1号木簡
後藤宙外による作図。高梨村拂田の後藤十兵衛の孫、某少年が採集したと記されている。

米に関する木簡　外柵南門の内側五メートルほどのところの廃棄（もしくは祭祀）土坑から、第四号・五号木簡（接合して一点となる）が発見された（**図48**）。

国立歴史民俗博物館の平川南によると、八四九年（嘉祥二）の年料（予算）として三八三四束を国府から支給するという文書的な性格のもので、裏面は筆跡の違いから、受けとり側が受領したことを追記したものであるという。こうした紀年銘のある木簡は、それが出土した遺構やいっしょに出土した遺物の年代を知るうえでも貴重な資料となる。

「別当子弟」の木簡　外郭北門と櫓状建物の造営にともなう九世紀初頭の廃棄土坑から四九点もの木簡が出土した。その中に「別当子弟」と書かれた短冊形の第三四号木簡がある（**図49**）。これについて三上喜孝は、払田柵に郡司子弟が出仕し、城柵内で仕事をすることを通して、律令国家体制における文

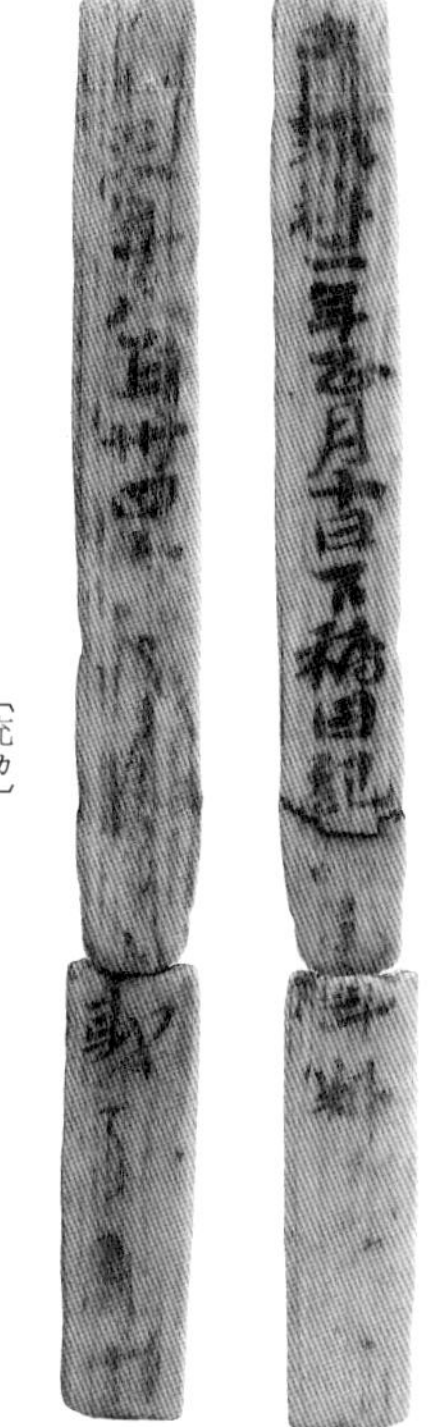

・「嘉祥二年正月十日下稲日紀〔充カ〕□年料
・「〔合カ〕□三千八百卅四〔束カ〕□　『勘了　正月十〔二カ〕□』

図48●第4号・5号木簡
長さ23.7 cm×幅2.2 cm×厚さ0.5 cm。

・「解　申請馬事　鹿毛牡馬者
右件馬養損〔直カ〕□代□者子弟貴営生」

図49●第34号木簡
長さ28cm×幅3.8 cm×厚さ1.2 cm。

書行政の手法などを習得していったことを物語る資料としている。有力者の男子である貴営生という人物が、本務以外の仕事として馬にかかわる業務をしていたことを示しているのだろう。同じ廃棄土坑から出土した第四三号木簡には「子弟長□□□〔上毛野〕」と書かれており、子弟を統括する立場の人間がいたことがうかがえる。

城柵は対蝦夷政策機関であるのみならず、創建段階から地域における律令的行政システムの普及の場であったのかもしれない。とすれば、城柵の対蝦夷政策以外の役割を考えるうえで重要な資料である。

このほかに外郭北門周辺から出土した第八六号木簡には、

・「　□
　北門□〔所カ〕請阿刀

と書かれており、「北門所」という部署がなんらかの請求をしたものと思われる。この周辺からは「北預」墨書土器も出土している。三上によれば、北門造営にかかわる「北門所」とその任務を担当していた「預」がいたことを示しているという。以上のように、払田柵に「別当」「預」といった官人がいたことは、ほぼ確実とされている。

昆布の付け札　また、第三四号木簡がみつかった同じ廃棄土坑からは「具　狄藻(てきも)肆拾□」と書かれた第五九号木簡が出土した（**図50**）。長さ数センチに満たない削り屑である。「肆」は「四」の大字(だいじ)（公文書の改ざん防止などのため、一、二、三などのかわりに画数の多い壱〈壹〉、

図50●第59号木簡
長（11.4）cm × 幅（2.3）cm×厚さ0.5 cm。肆拾（四〇）の単位は不明だが、重さを示す「斤」だったのだろうか。

弐〈貳〉、参などを用いる）である。

「狄」は日本海側の蝦夷を指し、「狄藻」とは、北海道南東部を中心に採れる昆布のことで、北日本の特産品である。昆布にはマコンブのほか、「索昆布」（ミツイシコンブ）、「細昆布」（ホソメコンブ）が区別されていたことが『延喜式』巻二三民部下交易雑物条からわかる。現代と同じく古代にあっても出汁をとるために使われ、京の貴族たちに好まれた。この木簡はそうした昆布四〇（斤以上）に付けられた荷札と考えられる。北方の特産品が朝貢物として払田柵を経由したことを示す資料なのだろうか。もしくは蝦夷との交易品か。

北海道大学の蓑島栄紀は、渡島半島南東部から三陸海岸の蝦夷による昆布交易ネットワークが、陸奥国側を主戦場とする三八年戦争を契機に衰退し、あらたに北海道から出羽側の秋田城を経由したネットワークの再構築が図られたとする。とすると、昆布の荷札が払田柵から出土する意味について今後、具体的な流通ルートもあわせて検討することによって、払田柵の役割の一端が明らかになるだろう。

兵の食糧・武具を示す木簡　「ホイド清水」から出土した第三号木簡（図51）は、兵士の食糧を請求する木簡である。

一火は兵士一〇人、「十火」は兵士一〇〇人に相当する。この木簡は、当時の兵士の支給

・十火　大粮二石八斗八升
・二斗八升二合

図51●第３号木簡
長さ15.3㎝×幅2.3㎝×厚さ0.5㎝。
「十火」ではなく、「十八人」とも読める。

米の規定（一日八合、鎮兵なら倍の一升六合）から換算すると、一〇〇人の兵士の三・六日分の請求額であるとされている。しかし、「十火」ではなく「十八人」と読んで換算すると、切りのよい二〇日分（鎮兵なら一〇日分）の請求額になるという見方もある（**表1**）。この問題は今後の検討課題だが、駐屯していた兵士数と支給米の一端をうかがい知る資料だ。

また、この井戸の側溝からは第一五号木簡が出土している。

・□□□□□□弐伯枝進　」
・□□□□□□□□若桜マ弓
　　□□□〔宝カ〕字四年六月廿六日」

年紀と思われる箇所の墨が非常に薄く、赤外線テレビカメラでも読みにくいが、平川によると天平宝字四年（七六〇）とみられるとのことであった。そうであれば、払田柵跡ではほぼ唯一の八世紀中葉を示す遺物であり、「払田柵＝雄勝城（七五九年造営）説」にとっては重要な資料となる。岩手大学（当時）の高橋崇は、盾二〇〇枚を貢進物とした際の付け札と考えている。払田柵と武具の貢進木簡とのそれ以上のかかわりはわからないが、これも払田柵における兵士の存在を間接的に知ることのできる資料といえる。さらに、三四号木簡と同じ廃棄土坑からみつかった第四六号木簡には、

・「＜白春米一斗六升」
・「＜六月十八日　」

表1　兵士数と支給米の計算

兵士　1日8合（0.8升）
鎮兵　1日1.6升

※2石8斗8升＝288升
兵士 288升÷0.8升＝360日/人（**十火・100人で3.6日**）
鎮兵 288升÷1.6升＝180日/人（**十火・100人で1.8日**）

兵士 360日÷**18人＝20日**
鎮兵 180日÷**18人＝10日**

とある。上部に左右から切り込みがあるので、物品に付けた札である。白舂米とは、穀（籾米）を搗(つ)いた食用の白米のことである（玄米は黒舂米という）。一斗六升は鎮兵一〇人分の一日の兵糧（支給米）にあたる。このほか、絵馬も出土している（**図52**）。

ちなみに、「木簡」としているものには、「最上」「山本」などと刻まれた柵木も含まれる（**図4参照**）。これらは郡単位で柵木が供出されたことを示しているのかもしれない。

厨川谷地遺跡出土木簡

払田柵の祭祀場である厨川谷地遺跡から出土した第一号木簡（**図53右**）は、刀の形に削られた「刀形」という祭祀具に転用されたもので、

□解　申請□□出稲粮□穎□□

とある解文(げぶみ)木簡（下位から上位へ上申する木簡）である。「粮」は「粮米(ろうまい)」（食料としての米）、「穎」は「穎稲(えいとう)」（穂首で刈り取った稲。種籾のほか、納税や貨幣の代わりにも用いられた。単位は一つかみが一把、一〇把で一束）と考えられ、三上によれば、兵士の粮米申請にかかわる木簡の可能性があるという。祭祀場である厨川谷地遺跡で書かれた木簡ではなく、おそらく払田柵から不要となった木簡が持ち込まれ、祭祀具に転用されたのであろう。このように遺物は動くので、出土地がすぐさま作成地とはいえないことに注意が必要だ。

第五号木簡（**図53左**）には「殁王(ぼつおう)鬼(き)急々如律令(きゅうきゅうにょりつりょう)」と書かれている。「急々如

図52 ● 第46号木簡とともに出土した絵馬

律令」とは、もともと中国漢代の公文書末尾に添えられた文言で「律令の如く急げ」、つまり「法令に従って速やかに実行せよ」の意味であったのが、祈りが早く成就してほしいという、道教・陰陽道における魔除け・邪気払いの言葉となったものである。「殃王鬼」とは「魔物よ、失せよ」ほどの意味であろう。

こうした儀式は、けがれを水に流すという意味合いから水辺でとりおこなわれることが多い。秋田城跡でも、外郭東門を出た南東側の通称「古代沼」で律令祭祀具が数多く発見されている。

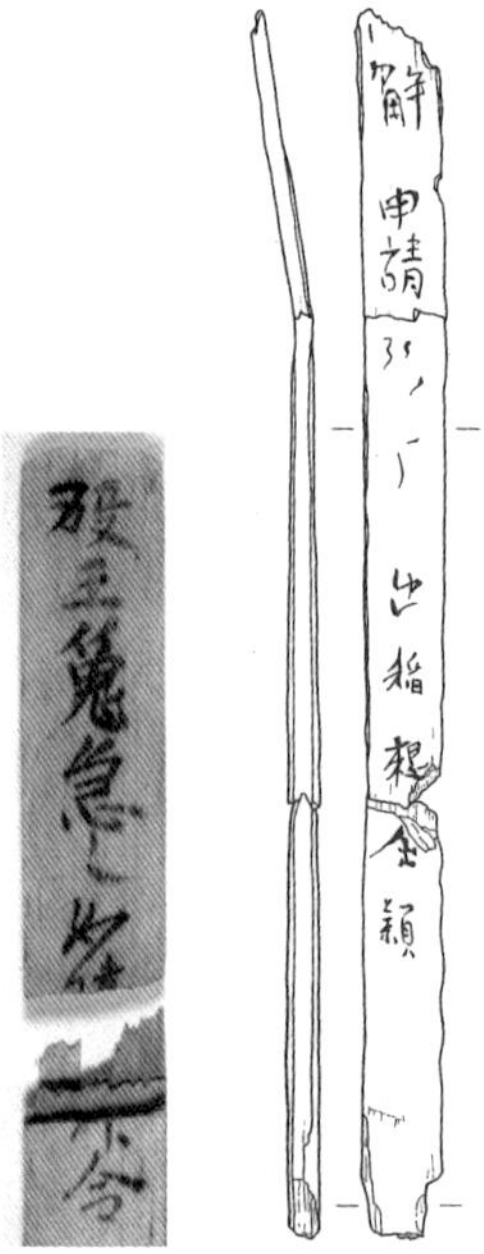

図53●厨川谷地遺跡出土木簡
右:第1号木簡　長さ（32.3）cm×幅2.30 cm×厚さ0.7 cm。
左:第5号木簡　長さ14.3 cm×幅2.3 cm×厚さ1 cm。

3　漆紙文書

漆紙文書は、漆容器の蓋紙（図58）として漆職人に払い下げられた行政文書が地中に残存したものだ。漆は地中に埋没しても腐食しにくいため、漆のしみ込んだ部分だけが出土する。漆が付着したため真っ黒な枯れ葉か皮のようにみえるが、赤外線テレビカメラでみると、文字を読みとることができる。これは墨の主成分である炭素が赤外線を吸収（透過）する性質をもつのに対して、それ以外の部分は赤外線を反射するからである。さまざまな情報を私たちに与えてくれる貴重な出土文字資料だ。

公民組織を伝える漆紙文書

第一号漆紙文書（図54上）外郭南門前の南西官衙建物跡の南西付近から出土した。最後の行は「天平宝」、つまり天平宝字（七五七〜七六五年）と読めるという。とすれば、先の第一五号木簡と同様、奈良時代の年代を示す数少ない資料になる。

第二号漆紙文書（図54下）第二〜五号漆紙文書は、長森東方地区の一棟の竪穴建物跡から出土した。「事力長」の文字がみえる。欠損部分が多く、文書の性格は不明であるが、平川南によると、「事力」「官物」といった文字と行間幅・文字の大きさから、公文書の一部と判断されている。事力とは、律令制下において国司等の地方官に与えられた雑役や職田（特定の官職に与えられた田）の耕作をおこなう現地採用の従者のことで、事力長はそのリーダーであろう。この文書は、事力を給わった国司が、一時期にせよ、払田柵に常駐していたことを示す資料との見方がある。

第四号漆紙文書　縦横二センチのきわめて小さい小片である。「□帳吉　□(納カ)財吉」の字が読めるが、これは毎日の吉凶を記した古代のカレンダーである「具注暦(ぐちゅうれき)」（季節や日の吉凶を記した暦で、

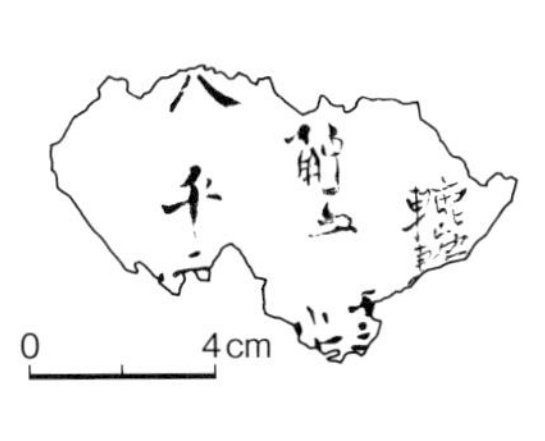

轆轤
斛□　中三
□平□　小口

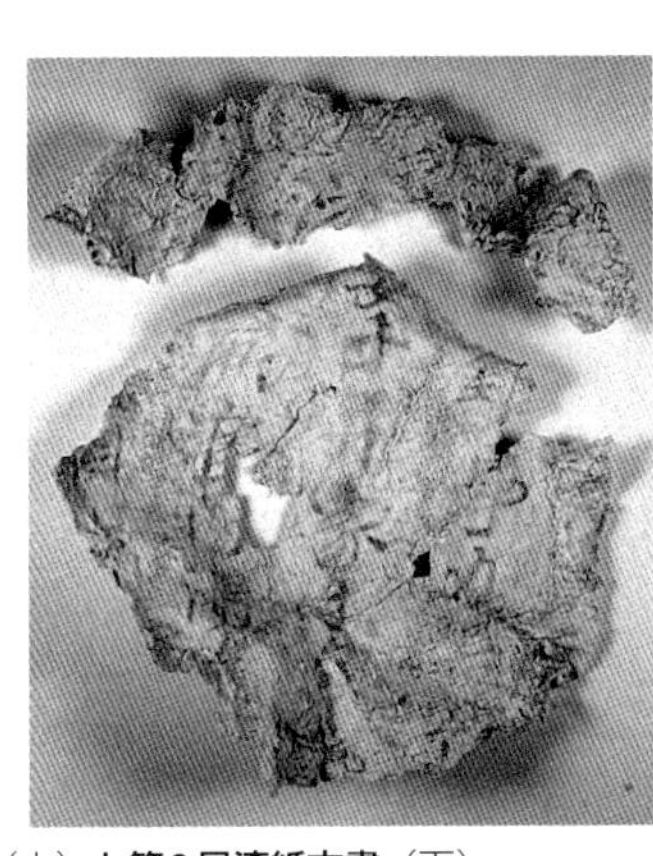

×□事力長□×
×同×□(妻カ)子弁家等多人×
×□之×□(欠カ)所官物満(守カ)進×
×□××□料□×
×□×

図54 ● 第１号漆紙文書（上）と第２号漆紙文書（下）

陰陽寮が発行）の最下段の一部である。払田柵にも具注暦がもたらされ、役人が日々の吉凶をみていたようだ。小片だが、当時の役人の日常を思い描ける資料である。

第六号漆紙文書（図55）　政庁西側の鍛冶工房域で調査された鍛冶工房（九世紀後半）の床面直上から出土し、三上喜孝に分析を依頼した。三回にわたって折り畳まれた状態で廃棄されたものであるが、切開作業の結果、漆容器の内径を示すと考えられる径一三・八センチの円形に復元された。

・（オモテ面）
　宮城郷口壹拾陸人　請稲□□貳［　　］
一保長□〔丸カ〕子部圓勝保口壹拾六人　請稲□×
□戸主壬生部益成戸口貳人　請稲□×
□戸主□部子□×

・（漆付着面）
×□□□□
×□〔下カ〕給陸拾伍斛
　　×□斛
×［　　］×

図55 ● 第6号漆紙文書（右）と実測図

この文書は、宮城郷の稲の請求を記録した帳簿と考えられている。一行目には、宮城郷という郷名とその構成人数（郷口壹拾陸人）、稲の請求（請稲）、その下に「貳（二）」の文字があることから、請求する穎稲の数量が書かれていたものと推測される。二行目には保長の名前（丸子部圓勝）と保の構成人数（保口壹拾陸〈一十六〉人）、「請稲」、三行目には戸主名（□戸主壬生部益成）と戸の人数（戸口貳人）及び「請稲」、四行目以降も同様の請求がつづくものとみられる。つまり、郷の構成員が稲を請求した文書で、保・戸ごとの請求穎稲の数量の内訳が書き連ねられたものであろう。数字は大字で書かれていることから、正式な文書として国家機関レベルでとり扱われたと考えられる。

「宮城郷」は、平安時代に成立した『和名類聚抄』によれば、出羽国内では現在の山形県置賜郡にしかない地名である。郡の下には郷（七一七年以降、「里」から改称）が置かれ、一郷は五〇戸で成り立つ。そして、五戸が集まって保（五保という）となり、そのリーダーに保長が置かれる。五保は納税の際に連帯責任を負わせる組織の単位で、戸の者が逃走した場合は五保が追跡・捕縛する任を負う。とり逃がした場合は、五保がかわりに納税するという仕組みだ。

五保については『正倉院文書』の御濃国戸籍（七〇二年〈大宝二〉）にみえる以外にほとんど例がなく、この漆紙文書は、「郷・保・戸」といった公民を把握する単位が九世紀段階の出羽国にも存在していたことを示している。

漆紙文書を考える際に、常に付きまとう課題がある。それは、この文書がどこで作成されたのかという大きな問題である。もし払田柵で作成されたものだとすれば、払田柵が出羽国内陸南部の置賜郡の領域まで管轄していたことになる。別の可能性としては、他所で作成された文書が、漆容器の蓋紙として払田柵に持ち込まれたものだ。現時点ではどちらか判断しがたいが、前者だったとすれば、払田柵の機能や性格を考えるうえで非常に重要だ。

なお、この文書の裏面には、表面とは異なる筆跡で大ざっぱに書かれている文字がある。紙は貴重だったので、表面を使用した後にメモ書きとして再利用されたのだろう。

「秋田城」「小勝城」と書かれた漆紙文書

二〇一七年、西大溝と盛土整地を検出した外郭南門南西官衙域では、ほかにも大きな発見があった。第七号漆紙文書である（図56）。

図56●第7号漆紙文書の出土
第7号漆紙文書が発見されたときの様子。発見した作業員は、過去にも払田柵跡で2点の漆紙文書を発見したベテランだ。発見当初、私には枯草にしかみえなかった。

第七号漆紙文書（図57）は一〇世紀初頭の盛土整地以前、払田柵創建以来の表土にあたる層位から、廃棄された状態で出土した。丁寧に土ごと取り上げ、三上喜孝の指導のもと、調査事務所でクリーニング作業をおこない、四つ折りにされていたこの文書の切開作業をおこなった。

そして二人の文献史学者、三上喜孝と近畿大学の鈴木拓也による釈読の結果、驚くべき文字が記されていることが明らかとなった。この文書には「秋田城」「小勝城」といった城柵名が書かれていたのだ。これら二城の文字は、出土文字資料としては全国初の発見で、鈴木により復

元・検討作業が何度か試みられ、かなりの部分を釈読することに成功した。A面には、

×團捌百□□×
秋田城兵粮弐拾漆斛×
小勝城料下米五斗×
□□〔収納カ〕使大目岡本□□×
×田城兵粮追□×
×□廿□東三把×
米□〔壹カ〕斗×

の文字が確認された。

これはどうやら米の支出にかかわる文書のようだ。最新の分析である鈴木の解釈をまとめるとつぎのようになる。

まず、一行目の「團（団）」の前には「軍」か「出羽」がくると予測される。「出羽団」だとすれば、これも出土文字資料としては初である。

二行目の「兵粮」という用語は、古代東北地方における征討とかかわっているとされ、秋田城へ二七石（鎮兵約一七〇〇人分の日粮）の兵粮が支出されたことを示すと考えられる。

B面　　A面

図57●第7号漆紙文書
直径約15cm。

三行目は雄勝城へ米五斗が下されたもので、兵粮ではないことから、蝦夷への饗宴などへ供される米の可能性があるという。もしそうだとすると、隣り合った行でまさにアメとムチの対蝦夷作戦が進められていたことを物語ることになり、興味深い。

四行目は、出挙の収納を担当した大目（だいさかん）岡本何某への食糧などの支給を記していると推測された。大目は、国司（守（かみ）・介（すけ）・掾（じょう）・目（さかん））のうちの四等官の職名である。出羽国では八三〇年（天長七）に大・少目が設置されている。

五行目は、秋田城への兵糧の追加が記され、筆跡はここまでが同筆で、つづく六、七行は異筆、つまり別の人物が書き継いでいる。六行目の「束」「把」は穎稲の単位（六七ページ）であることから、この行の品目は穎稲となる。六、七行目は支出先が書かれていない。この文書が書かれた場所での支出記録であろうか。

つぎに、漆が付着しているB面である。

×□□□□□×
×□□□□×
□
×従□〔八カ〕位上□部
×□□□〔公カ〕連

図58 ● 第7号漆紙文書と容器の復元

漆が付着しているため、読みとることのできる文字は少ないが、三上・鈴木の所見をまとめれば、部姓をもつ従八位ほどの何某連による公文書の案文（下書き）の可能性が高いという。B面が先に書かれたのち、案文の裏面（A面）が帳簿として二次利用されたのだろうと結論づけられている。

当時の役人の手で書かれた「秋田城」と「小勝城」という文字。当たり前のことだが、確かにこれらの城柵は実在し、併存していたことを示す生の資料を目のあたりにして、言い知れぬ感動を覚えた。また、文書の内容もさることながら、上品に四つ折りにされた漆紙文書も魅力的だった。それは、なんとも品位が漂うように折られていたのである。解読のためとはいえ、切開するのがためらわれるほどだった。折りたたんだ漆職人の姿が漆紙のすぐ後ろに見えそうな気がした。今思えば、三次元データをとっておけばよかったと思う。

第七号漆紙文書の廃棄時期

第七号漆紙文書が出土したのは、創建期以来の表土である第Ⅶ層とした層の直上である。漆紙文書のすぐそばの同じ第Ⅶ層上面で、九世紀前半の須恵器坏と九世紀後半の土師器坏が出土した。考古学では同一地層中から出土した遺物の中でもっとも新しい年代を示すものによって、その地層の上限年代とする。つまり、九世紀後葉が第Ⅶ層上面の上限である。そして、第Ⅶ層をおおう洪水堆積層（第Ⅵ層）からは九世紀後半から末葉の須恵器坏が出土している。つまり、この漆紙の廃棄年代は、九世紀末葉の第Ⅵ層洪水堆積層の直前と位置づけられる（図59）。当然、文書の作成年代は廃棄以前である。文献史学的には、「小勝」の筆の運びが九世紀後半の墨書土器（図46）と共通することから、九世紀後半の作成ではないかとの指摘がある。

誰が、どこで書いたのか

第七号漆紙文書は払田柵跡から出土したとしても、そこで書かれたとは限らない。「小勝城」と書かれていたことから、解読時には「これで払田柵は第二次雄勝城に決まったか？」という向きが少しあったように思う（第二次雄勝城説については第4章参照）。しかし私自身、そこには慎重でありたかった。「秋田城」の名も併記されているが、払田柵が秋田城ではないのと同じだ。

三上や鈴木も指摘しているが、本文書には「秋田城」も併記されていることから、両城柵より高位の立場で書かれた可能性が高い。

そうであれば出羽国府だろう。九世紀後半の出羽国府は城輪柵とされる。そこで作成され、不要になって漆職人に払い下げられたものが払田柵までたどり着いたのだろうか。とすれば、漆職人が国府から払田柵に移動してきたということになる。もしくは反故紙として国府から持

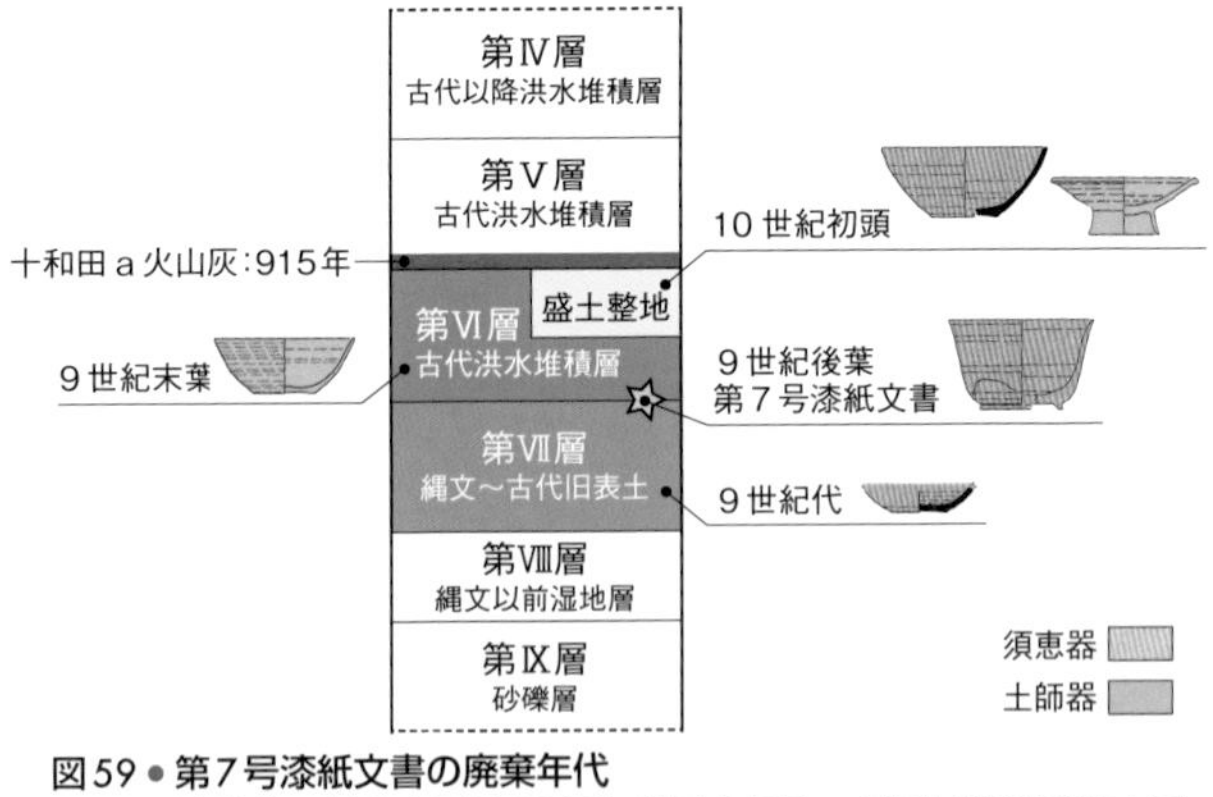

図59 ● 第7号漆紙文書の廃棄年代

沖積地の基本土層は10層に分けられる。X層は基盤の粘土層、Ⅸ層は砂礫層、Ⅷ層は縄文時代以前の湿地性表土、Ⅶ層は縄文時代から古代9世紀後葉までに堆積した表土、Ⅵ層は9世紀末葉の洪水堆積層で、その上に外郭南門前面の盛土整地がなされる。Ⅴ層は10世紀後半の洪水堆積層、Ⅳ層～Ⅲ層は中世～近世までの堆積層、Ⅱ～Ⅰ層は現代の水田層。

ち込まれ、払田柵の漆職人に手渡されたのか。一方で、払田柵に駐在していた国司によって作成されたという見方も出されている。はたまた、米を支出する機関（郡家？）で作成後に国府に提出され、漆職人の手に渡ったのかもしれない。その真相はいまだ霧の中というのが実感だ。

ところで、作成時期が九世紀後半だとすれば、やはり元慶の乱との関連が想起される。八七八年（元慶二）三月、秋田城を焼き討ちした蝦夷（俘囚）の軍勢は、余勢をかって雄勝城を衝こうとした。対する政府軍は反乱俘囚軍の南下を防ぐため、不動穀（徴収した穎稲を脱穀した籾〈穀〉のうち、非常用として正倉や不動倉に保管されたもの）を秋田城下・山北三郡（山本・平鹿・雄勝郡）の俘囚に与えて協力を仰いだ。この乱は、最終的に藤原保則の采配と小野春風らの活躍により約半年後には鎮圧されたが、そうした一連の動きと関連していないだろうか。蝦夷へ供された可能性があるという「小勝城料下米五斗」の八文字の背景にはそうした歴史が隠れていないかどうか、これも今後の検討課題だ。

以上のように、出土文字資料の内容には米、税、兵士、役人、馬、蝦夷、儀式、施設、交易などにかかわるものが特徴的にみられ、城柵としての払田柵の性格を検討するうえで重要な資料である。もし出土文字資料が存在しなければ、払田柵の正体を解明する道のりはさらに遠くなる。そして、これまでにみてきた文字から読みとれることは、払田柵が対蝦夷政策を目的として機能した城柵としての要件を満たしているということだ。そればかりか、より拡張した機能としての行政的・交易的側面も有していた可能性すらみえてくる。

次章では、第2・3章の発掘成果から払田柵の正体を探っていこう。

第4章　払田柵跡の正体を探る

1　払田柵の変遷

発掘調査によってわかってきた払田柵の変遷をまとめておこう（図60）。

第一段階（創建期、九世紀前半）

この時期は、陸奥国を主戦場とする三八年戦争のクライマックスと重なる。三八年戦争は、七七四年（宝亀五）に陸奥国で海道蝦夷（北上川流域に住む蝦夷）が桃生城を焼き討ちしたことにはじまり、七八〇年（宝亀一一）の上治郡大領・伊治公呰麻呂の乱による伊治城・多賀城焼き討ち、蝦夷による雄勝・平鹿二郡の郡家の攻略を経て、八〇一年（延暦二〇）の蝦夷軍の阿弖流為と母礼、律令国家軍の征夷大将軍・坂上田村麻呂との決戦を迎える。八〇二年のはじめ、陸奥国側では田村麻呂が胆沢城を築城し、同年、阿弖流為らは投降する。払田柵がこのタイミングで創建されたことは、その正体を考えるうえで重要な手がかりとなる。ちなみに、三八年戦争は、陸奥出羽按察使（あぜち）征夷将軍となった文室綿麻呂（ふんやのわたまろ）が八一一年（弘仁二）に終結宣言を出すことで幕を閉じた。

払田柵の創建は、外柵や外郭線A期の年輪年代、出土土器の年代観から、九世紀初頭の八〇二年と考えられる。創建にたずさわった人びとの工房が、外柵西門と外郭西門、政庁北側斜面、長森東方地区にあった。

区画施設は、長森と真山をめぐる外柵、長森を囲む外郭線、政庁を囲む板塀と合わせて三重構造となっている。

外郭南門南東官衙域では、蝦夷の饗給のために使われたと推定される

時期			政庁	長森東方	長森西方	外郭南門前	外郭線	外柵
			Ⅰ期直前	A期直前				
第一段階	9世紀	初頭	Ⅰ期	A期 掘立		南東官衙域 掘立：1棟 広場	A期 築地 材木 石塁 櫓 大溝	あり 材
		(38年戦争終結) 前葉		B期 竪穴				
第二段階		中葉	小	C期 掘立 板塀	鍛冶工房西区 掘立 竪穴 板塀 鍛冶	東方官衙域（南西官衙域）	B期	
		(元慶の乱) 後葉	Ⅱ期 小	D期 竪穴 鍛冶 漆塗	鍛冶工房西区 〃 東区 掘立 竪穴 板塀 鍛冶 漆塗	掘立：2棟 広場	材木 石塁 櫓 大溝	
第三段階	10世紀	前葉	Ⅲ期 大	E期		南西官衙域	C期	
		中葉	Ⅳ期 大	掘立 板塀			材木 石塁 櫓 大溝	
第四段階		後葉	Ⅴ期 小	F期 掘立 板塀		掘立：1棟 広場	D期 材木 石塁 櫓 大溝	

大 小：板塀内の広さ　掘立：掘立柱建物　竪穴：竪穴建物　鍛冶 漆塗：工房　築地 材木：塀の種類　広場：饗給関連エリア

図60●払田柵跡の主要地区の変遷
払田柵跡の課題として、地区間の時期的対比がまだ徹底されていないことがあげられるが、土器の年代観と十和田a火山灰の検出状況、遺構の切り合い関係の検討などから、おおよそ図のようになる。

建物が建造され、長森東方地区では創建にかかわる儀式や実務をとりおこなう掘立柱建物が配置される。

第二段階（緊張期、九世紀後半）

一つめの転換期であり、八七八年（元慶二）の元慶の乱勃発前後にあたる時期である。外柵とそれに付属する門は、この段階にはすでに放棄され、真山は囲いの外となり、創建期にくらべて面積が五分の一にまで減少した。三重構造から二重構造へと大きな変化をとげ、その後は終末期まで二重構造を変えることはなかった。長森東方・西方地区では、鍛冶工房や漆工房と推定される竪穴建物群が展開し、文字資料も増加する。

外柵の放棄は、従来から説かれているような規模の縮小ではなく、広大な面積の維持よりも、内部の充実化に労力を注ぐ体制に切りかえた結果ではないかと私は考えている。外郭線において、維持管理に手間のかかる築地塀から材木塀に切りかえたのも同様の理由だろう。外観ではなく中身を磨くことに重点をシフトしたのだ。

城柵内における鍛冶工房と漆工房の活性化は、蝦夷に対抗するための武器・武具生産と関連づけられる。三八年戦争後も、蝦夷との関係において緊張があったことを如実に物語る。そうした状況下では安定した食糧生産も重要だ。鍛冶工房域では農具も生産し、この時期に急増する周辺の村々に供出したのかもしれない。払田柵跡周辺では、鍛冶などをおこなった遺跡が今のところほとんどみつかっていないことから、鉄器生産・供給センターの役割も担っていた可能性がある。

また、九世紀後半は洪水や地震、気候変動に見舞われた時期でもある。水田経営を経済基盤とする場合、こうした環境変動が地域社会に与える影響は軽視できない。こうしたことも、行政的性格が強くなるつぎの第三段階への移行と無関係ではないだろう。

つまり、対蝦夷だけではなく、郡家（ここの場合は未発見の山本郡家）と連携した地域経営戦略として、城柵の機能が拡充された可能性を考えておきたい。

第三段階（改修期、一〇世紀前半）

二つめの転換期である。一〇世紀初頭、政庁は最大規模となる。それとともに外郭の櫓状建物、材木塀、四門がすべて建てかえられ、長森東方地区は鍛冶工房群から掘立柱建物群へと変貌をとげる。

外郭南門前面は広く盛土整地がなされ、蝦夷に対する饗給の場の拡充が図られる。外郭南門南東建物がなくなる一方で、同南西建物が南大路に面して建造される。さらには外郭線の外側に、大溝が河川と接続しつつ長森をめぐるように掘削される。当該期は長森全体におよぶ大改修期であった。図60にみるように、本段階のはじまりとともに、厳密な同時性は捉えられないものの、すべての施設が一新されているのがわかる。

これまでの征討の後方支援・対蝦夷防衛体制から、曹司域の整備へと質的転換がはかられている。これは、元慶の乱の鎮圧を境に行政的色彩が強まったことを示している。そうしたなかでも、城柵の重要な役割である「饗給」の場としての外郭南門前面は、対蝦夷融和政策を発現するエリアでありつづけたのだろう。では、なぜこの時期に、これほどの大改修がなされたのであろうか。その理由は今後の課題とするが、饗給の場の拡充は、元慶の乱の沈静化にともなう蝦夷との関係強化をねらったことを反映していると考えられないだろうか。

第四段階（終焉期、一〇世紀後半）

一〇世紀後半になると、沖積地は洪水堆積層におおわれる。政庁や長森東方地区の規模が著しく縮小して、長森西方地区の鍛冶工房域も廃絶され、城柵としての前段階の役割が一段落したような印象を受ける。長森は第一段階の姿に戻り、区画施設は第一段階より簡素となった。全国的にも律令体制自体が弱体化し、地方豪族の台頭の萌芽がみえはじめる時期である。この段階の払田柵の姿は、いまだわからないところが多いが、対蝦夷政策を根幹に据えた城柵の役目が終息へと向かったことを示している。

2　払田柵跡をめぐる諸説

払田柵跡の古代の名称については遺跡発見当初からさまざまな説が唱えられており、今日なお決着がついていない。まさに九〇年以上にわたる論争が継続中の遺跡なのだ。

これまでに①宝亀六年河辺府説、②移転雄勝城説、③無名不文の城柵説、④雄勝城説、⑤山本郡家説、⑥延暦二三年河辺府説、⑦第二次雄勝城説といった諸説が提出されてきた。

①の宝亀六年河辺府説は、『続日本紀』宝亀六年（七七五）一〇月癸酉条（「且は国府を遷さん」）と同宝亀一一年（七八〇）八月乙卯条（「秋田は保ち難く河辺は治め易し」）を根拠に、宝亀六年に出羽国府が秋田城から遷された河辺府とする後藤宙外の説である。

②の移転雄勝城説は、一九三〇年に喜田貞吉が唱えた。『和名類聚抄』国郡部に雄勝城の別名として記される「答合」は、山本郡の郷名にある「塔甲」のことと推定し、雄勝郡から山本郡の払田柵に移転したのち、再び雄勝郡に戻ったとする説である。ただ喜田自身は地名だけでは「証拠薄弱」と述べている。この雄勝城が北進したとする着想は、後述の⑦第二次雄勝城説として一九九〇年代後半に再び登場する。

③の無名不文の城柵説は、払田柵跡に固有名詞を与えることをあえて避け、「無名不文の遺跡」として、遺跡の構造を明らかにするための考古学的調査研究の重要性を主張した上田三平の考えである。文献に不記載の未知の城柵という意味ではないことに注意したい。名称よりも、遺跡の構造を明らかにすることを重要視するという点は、念頭においておくべき見解だ。

④の雄勝城説は、城輪柵や多賀城をしのぐ規模と内容を誇る払田柵こそが、出羽国の第三国府扱いであった雄勝城（七五九年〈天平宝字三〉造営）であるとする東北大学の高橋富雄の説。しかし、すでに述べたとおり、払田柵の創建は年輪年代測定によって九世紀初頭であることが明らかとなったため、①・④の両説とは年代が合わない。

⑤の山本郡家説は、かつて新野直吉や大野憲司によってその可能性が指摘されたものである。

しかし、払田柵が郡家ではなく、城柵の構造と規模を有していること、郡家で必須の米を保管する正倉群域がみつかっていないことから、可能性は低い。

つぎに、⑥の延暦二三年河辺府説と⑦第二次雄勝城説についてみてゆこう。

延暦二三年河辺府説

⑥の延暦二三年河辺府説は、①の宝亀六年河辺府説を再評価し、あらたな視点と発掘調査成果、年輪年代測定結果などから、七七五年ではなく、『日本後紀』延暦二三年一一月癸巳条の「秋田城は永く停廃に従い、河辺府を保たん」の記事を論拠として、八〇四年（延暦二三）に秋田城から河辺府に国府が移転したとみる新野直吉・船木義勝の説である。

払田柵は、八〇一年（延暦二〇）に出羽権守となった文室綿麻呂（『公卿補任』）が、秋田城からの国府移転先として造営し、八一五年（弘仁六）頃に城輪柵に国府が移転してからは雄勝城の出先機関となったとし、払田柵の規模と構造からも国府に相当するものと考える。

この学説を検証するにあたっては、そもそも「河辺府」とは何か、また、秋田城に国府がおかれたのかどうかという問題も今後、考えていかねばならない。

第二次雄勝城説

⑦の第二次雄勝城説は、桓武天皇により計画された第四次征夷の支援、波及に備える拠点として、雄勝郡にあった雄勝城を北方に移転させたものが払田柵跡である、という秋田大学の熊

田亮介と鈴木拓也の説である。

熊田は、『日本紀略』延暦二一年（八〇二）正月庚午条の「越後国の米一万六百斛、佐渡国の塩一百廿斛、年毎に出羽国雄勝城に運送し、鎮兵の粮となす」という記事に注目する。

律令体制下の兵士には軍団兵士と鎮兵があり、前者は当国の公民から徴発され、交代で勤務する（上番制）。一方、後者の鎮兵は東国などから徴発され、公粮が支給される長期勤務の専門的な兵士である（長上制）。記事にある米の量を年間支給料として計算すると、一四七二人分（二升／人日）もしくは一八四〇人分（一升六合／人日）に相当する。

熊田によれば、これだけの兵士が集中配備される九世紀初頭の雄勝城とは、同時期に東北地方で最大の面積を誇る払田柵以外にありえないとする。

なお、九世紀の出羽国では軍団兵士一〇〇〇人が国府に上番勤務（六番交替：常時一六七人）、鎮兵は秋田城に四五〇人、雄勝城に二〇〇人が常勤していたとされる。

熊田と同時期に第二次雄勝城説を唱えた鈴木は、さらに次の五点を論拠としてあげた。

一、政庁の形態や外郭の区画施設から、払田柵には国司が駐在し、兵士・鎮兵が存在した。

二、兵士・鎮兵の存在は木簡からも裏づけられる。

三、九世紀の出羽国では、兵士・鎮兵は国府・秋田城・雄勝城にしか配置されておらず（一府二城制）、出土文字資料から兵士の存在が確認できる払田柵は雄勝城である。

四、喜田が指摘したように『和名類聚抄』の雄勝城の別称「荅合」は、払田柵のある山本郡の郷名「塔甲」と一致する。

五、払田柵のある場所が雄勝郡ではないという点は、移転後も「雄勝城」の名でよばれていたとすれば、移転説でも障壁にはならない。

現状では、この第二次雄勝城説が有力視されている。この説で課題となるのは、雄勝城が移転したという記事が一切みあたらないことだ。失われた記事に記載があったのかもしれないが、悩ましいところである。

雄勝城の探索

払田柵跡の正体は、七五九年（天平宝字三）に造営された雄勝城を探索することによって、手がかりが得られるかもしれない。そこで、二〇〇五年以降、雄勝城を探し求める調査が払田柵跡調査事務所によっておこなわれている。

横手盆地では、これまでに一〇カ所あまりの場所が雄勝城の候補地としてあがっている。なかでも現在有力視されているのが、横手盆地で唯一、奈良時代の遺跡が密集する横手市雄物川町の造山（つくりやま）遺跡群とその周辺である。横手市教育委員会や払田柵跡調査事務所の調査で、八世紀代の竪穴建物などの遺構や須恵器・土師器とともに、平瓦・丸瓦や円面硯・風字硯など、官衙もしくは寺院の存在を示す遺物が出土している。

図61 ● 造山遺跡群
2019年の貒袋遺跡の調査でみつかった幅10ｍの東西道路は、現道である市道雄物川高校2号線と重なる。県道湯沢雄物川大曲線と直交することも示唆的だ。

二〇一九年、同地区で大きな発見があった（図61）。造山遺跡群の東端にあたる貒袋（まみぶくろ）遺跡の発掘で、官道の可能性がある道路側溝がみつかったのである（図62左）。溝間の幅は一〇メートルである。その脇では、坩堝（るつぼ）をともなう金属製品の工房がみつかった（図62右）。貒袋遺跡以外で古代の坩堝が出土しているのは、横手盆地では払田柵跡のみである。道路跡の延長線上、県立雄物川高校の西側には造山遺跡群でもっとも標高が高い平坦地が広がる。造山＝雄勝城説を唱えた高橋学が代表を務める雄勝城・駅家研究会でその場所（十足馬場西遺跡）を発掘した結果、「驛長」と読める墨書土器が出土した（図63）。当時、官道沿いに設置された駅家の一つである「雄勝駅家」の存在を示唆する発見だ。

このように、造山地区は官衙の色彩が濃い地域であり、雄勝城、雄勝郡衙、雄勝駅家およびそれらの関連施設が眠っている可能性が、近年急速に高まりつつある。二〇二二、二三年に雄勝城・駅家研究会が調査した十足馬場南遺跡では、幅四・五メートル×深さ一・三メートル（残存値）の大溝と、東西・南北に軸線をあわせて整然と並ぶ竪穴建物群が検出された（図64）。遺構内部から、八世紀代の須恵器と土師器がまとまってみつかっている。さ

図62●貒袋遺跡の道路跡（左）と道路脇の工房跡（右）
筆者が調査した際に検出した貒袋遺跡の側溝が、横手市教育委員会がかつて確認した東槻遺跡の側溝とつながることを同市教委の島田祐悦が指摘したことにより、同地区の調査は大きく動く。

らに、大溝の南側から櫓状建物と推定される柱穴がみつかった。トレンチ調査のため全貌は明らかではないものの、今後の発掘に大きな期待が寄せられる。払田柵跡の調査と並行して、横手盆地における八世紀代の城柵官衙遺跡の調査も引きつづきおこなっていくことが、払田柵跡の解明には必要なのである。

3　払田柵とは何か

払田柵は八〇二年（延暦二一）に創建された。これは胆沢城と同年、志波城の前年にあたる。クライマックスを迎えようとする対蝦夷戦を意識してのことであり、それとは無関係に払田柵という東北地方でも最大級の城柵を築く余力も理由も、国家側にはなかった。民衆の疲弊と財政難から、京の造営と対蝦夷戦の停止が提言・採択される徳政相論（八〇五年）がおこなわれようとしていた時期である。また、こうした時勢のなかで、戦闘の前線地に国府を移転するようなことがあったのだろうか。一方、払田柵跡の発掘調査では城柵の要件である饗給と征討の機能を直接的・間接的に示す遺構・遺物が確認されている。

図64●十足馬場南遺跡の大溝と竪穴建物群（北より）
奥の道路に並行して大溝が検出され、その北側では、軸が東西・南北に合った竪穴建物が18棟、整然と並んでみつかった。

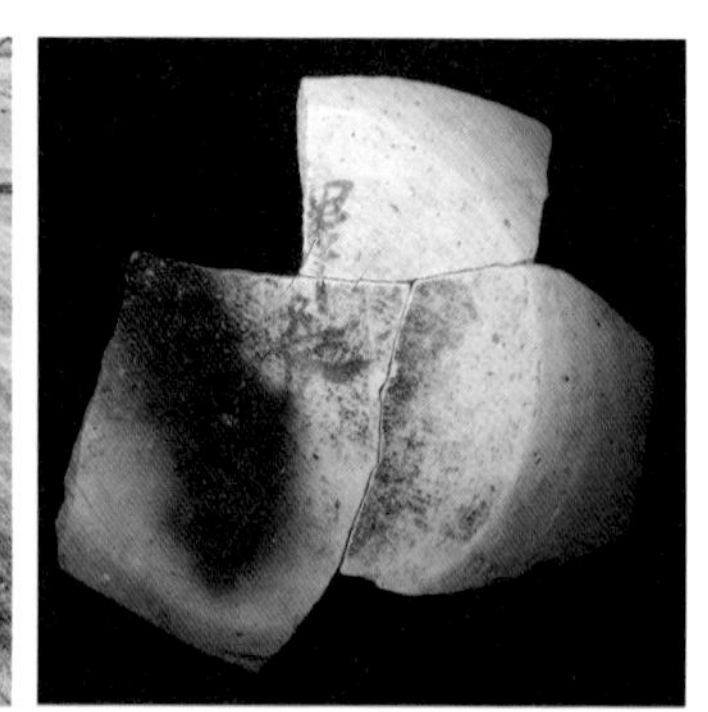
図63●十足馬場西遺跡出土の墨書土器
「驛長」と書かれている。雄勝駅家が眠っている可能性が高まった。

七五九年創建の雄勝城の最有力候補地である造山遺跡群では、八世紀代の城柵官衙にかかわる遺構・遺物がまとまってみつかっているが、払田柵跡が創建される九世紀代のものはみあたらない。このように、発掘調査で得られている証拠は、熊田・鈴木が提唱する⑦第二次雄勝城説を裏づけているように思える。

しかし、⑥延暦二三年河辺府説を唱える新野は、私にこう語ったことがあった。

「払田柵が何なのか、今はたしかに第二次雄勝城説が有力で、河辺府説は異端でしょ。でも、どちらかの説を肯定したり否定したりするような明確で直接的な証拠はまだない。この段階で『払田柵は第二次雄勝城だ』と言ってしまえば、そこで払田柵を解明しようとする思考は停止すると思うんだ。まだまだ検討すべきことは山積みなのに、第二次雄勝城という言葉が独り歩きしてしまう。私は、学問はそうあってはならないと思う。異端であっても、決定的な証拠が出るまでは河辺府という別の考え方もあることを提示しつづけることで、学問的思考を動かしつづけようと思ってるんだよ」

この言葉は私の胸に深く打ち込まれた。歴史学や考古学が科学であるためには、安易な解釈に走ってはならないし、まして学界の雰囲気に流されてはいけない。本書の最終校正中、新野は永眠された。しかし、学説は生きている。いま、私は河辺府説と第二次雄勝城説のどちらもが、払田柵跡の一面をとらえているのではないかという思考をめぐらせている。

払田柵跡とは何か。九〇年以上に及ぶ議論はまだ尽くされていないのではないか。これを問いつづけることこそが、私たちに託された学問的思惟の営みであり、終わりのない学びなのだ。

4　これからの払田柵跡

第一次調査後の翌年一九三一年（昭和六）三月、払田柵跡は秋田県初の国史跡に指定された。史跡指定面積は約八九万九千平方メートル。東北地方の城柵官衙遺跡のなかでも最大級の規模を誇る。一九七四年には秋田県払田柵跡調査事務所が設置され、一九三〇年（昭和五）の第一次調査とあわせて、二〇二三年までに一五七次にわたる調査が実施された。調査面積は、重複調査分を除いて五万三六九一平方メートルにおよぶが、これは史跡指定面積の約六パーセントにすぎない。

払田柵跡では主要な施設とその移り変わりがこれまでの調査で明らかになってきた。一方で役人・兵士の住まいや倉、城柵に付属する寺院などはみつかっていない。仮に二〇〇人が勤務していたとすると、その家族も含めて相当規模の居住域が形成されていたはずである。また、払田柵跡を構成するもう一つの丘陵である真山は、まだ調査がほとんどおこなわれていない。はたしてどのような利用があったのか、謎に包まれている。

発見から一〇〇年近く、なお研究と解明が継続的に試みられている遺跡は数少ない。払田柵跡で重要なのは、現在も調査を継続している点である。これは新たな発見と情報、価値が生み出されつづけていることを意味する。史跡が忘れ去られないためにも、また適切な保存整備活用のためにも不可欠なことである。史跡の「動力」は、やはり発掘調査だと私は考える。

かつて、藤井東一は柵址保存会を立ち上げ、標柱の設置や出土品の展示会などに尽力した。

指定後四〇年が経過して荒れ放題となっていた払田柵跡に立った新野は、地元紙「秋田魁新報」でその現状をなげき、国と自治体が一体となった保存と研究の必要性を厳しく世に問うた。

払田柵跡は地域の人びとにより発見され、守られてきた。これからも地域に愛され、地域の象徴となるよう、史跡の調査から保存・整備・活用まで官民連携して一体的にとり組んでいきたいと切に思う。そして、いつの日か払田柵跡の正体が解明され、新たなスタート地点にたどり着くことを夢見ている。

主要参考文献

青森県　二〇〇八『青森県史　資料編　古代2　出土文字資料』

秋田県教育委員会　一九八五『払田柵跡Ⅰ―政庁跡―』

秋田県教育委員会　一九九九『払田柵跡Ⅱ―区画施設―』

秋田県教育委員会　二〇〇九『払田柵跡Ⅲ―長森地区―』

秋田県教育庁払田柵跡調査事務所　一九九五『払田柵を掘る―払田柵跡調査二〇周年記念―』

秋田県埋蔵文化財センター　二〇二三『企画展ＨＯＴＴＡ―「払田柵跡」発掘半世紀―パンフレット』

伊藤武士　二〇〇六『日本の遺跡一二　秋田城　最北の古代城柵』同成社

伊藤博幸　二〇一〇「古代陸奥の歴史的景観の変移について―開発による森林破壊と自然災害―」『環境歴史学会論集3　環境歴史学の風景』橋本政良編　岩田書院

今泉隆雄　二〇一五「秋田城の初歩的考察」『古代国家の東北辺境支配』吉川弘文館（初出一九九五年）

上田三平　一九三八『史蹟精査報告　第三　拂田柵阯・城輪柵阯』文部省

大野憲司　二〇一九「払田柵跡は本当に『三重の囲い』か」『埋もれ木』第一八号　大仙市仙北史談会

喜田貞吉　一九三〇「払田柵址に就いて二三の考察」『秋田考古會々誌』第二巻第四号

熊谷公男　二〇二一『秋田城と元慶の乱』高志書院

熊田亮介　一九九七「雄勝城と払田柵跡」『あきた史記　歴史論考集』4　秋田姓氏家系研究会編　秋田文化出版社

後藤宙外　一九三〇「払田柵址は河辺府の遺蹟」『秋田考古會々誌』第二巻第四号
後藤宙外　一九三〇「平安朝初期の古柵址と決定する迄」『秋田考古會々誌』第二巻第四号
斎野裕彦　二〇二三『最北の国分寺と蝦夷社会―仙台平野からみた律令国家―』敬文社
鈴木拓也　一九九八『古代東北の支配構造』吉川弘文館
鈴木拓也　二〇〇八『戦争の日本史3　蝦夷と東北戦争』吉川弘文館
高橋　崇　一九八二「『払田柵』出土木簡について」『アルテス・リベラレス』第三〇号　岩手大学人文社会学部紀要
高橋　崇　一九八四「再び『払田柵』出土木簡について」『アルテス・リベラレス』第三五号　岩手大学人文社会学部紀要
高橋富雄　一九七三「払田柵と雄勝城」『日本歴史』第三〇二号　吉川弘文館
高橋　学　二〇一一「払田柵の瓦はどこの屋根に葺かれていたのか」『秋田県埋蔵文化財センター研究紀要』第二五号
高橋　学　二〇一六「城柵と北東北の鉄」『北方世界と秋田城』小口雅史編　六一書房
冨樫泰時　一九八五『日本の古代遺跡二四　秋田』保育社
新野直吉　一九八一『古代史上の秋田』秋田魁新報社
新野直吉　一九八四「秋田県の古代城柵」『歴史手帖』第一二巻第五号
新野直吉　一九八九『古代東北の兵乱』吉川弘文館
新野直吉　二〇〇一「払田柵の考察」『出羽路』第一二九号
新野直吉　二〇一四「古代史上の秋田―秋田　北辺の鄙にあらず―」『秋田県公文書館研究紀要』第二〇号
新野直吉・船木義勝　一九九〇『払田柵の研究』文献出版
平川　南　一九八九『漆紙文書の研究』吉川弘文館
藤井東一　一九三〇「拂田柵」『秋田考古會々誌』第二巻第四号
藤井甫公　二〇〇五『拂田柵址研究日誌』冨樫泰時監修　仙北町史談会
松本建速　二〇一一『ものが語る歴史二五　蝦夷とは誰か』同成社
三上喜孝　二〇一三「城柵と文書行政」『日本古代の文字と地方社会』吉川弘文館（初出二〇〇五年）
三上喜孝　二〇二三「墨書土器とは何か」『墨書土器と文字瓦―出土文字史料の研究―』吉村武彦他編　八木書店
蓑島栄紀　二〇一五「古代の『昆布』と北方社会―その実態と生産・交易―」『「もの」と交易の古代北方史　奈良・平安日本と北海道・アイヌ』勉誠社（初出二〇一三年）
村田晃一　二〇〇四「三重構造城柵論」『宮城考古学』第六号
村田晃一　二〇二〇a「陸奥国域の未発見城柵」『第四六回古代城柵官衙遺跡検討会―資料編―』
村田晃一　二〇二〇b「日本古代城柵の検討（四）」『宮城考古学』第二二号
吉田　歓　二〇〇二「内裏の脇殿」『日中宮城の比較研究』吉川弘文館（初出一九九三年）

払田柵総合案内所

・秋田県大仙市払田字仲谷地95
・電話　０１８７（69）２３９７
・開館時間　９：00〜16：00
・休館日　月曜日(祝日の場合は翌日)、11月下旬〜翌年４月中旬は閉館。柵跡は常時公開
・入館料　無料
・交通　ＪＲ大曲駅より車で約15分。バスは大曲駅より羽後交通バス千屋線川口行きで「埋蔵文化財センター」下車すぐ。自動車で秋田自動車道大曲ICより約15分

払田柵跡外柵南門の側にある。広大な払田柵跡を見学する前に立ち寄って、払田柵がつくられた時代のあらましを知ることができる。予約で「柵の案内人」にガイドしてもらえる（予約電話０１８７─６３-３００３）。

秋田県埋蔵文化財センター

・大仙市払田字牛嶋20
・電話　０１８７（69）３３３１
・開館時間　９：00〜16：00
・入館料　無料
・休館日　年末年始（12月28日〜１月３日）、成人の日、建国記念の日、春分の日

払田柵跡の向かいに建つ。秋田県の旧石器時代から現代までの人びとの生活の跡を残す遺跡を発掘し、調査と研究をおこなっている。企画展のほか、講演会や遺跡見学会などを開催。埋蔵文化財研究の中心的施設。

秋田県埋蔵文化財センター

美郷町歴史民俗資料館

・仙北郡美郷町畑屋字高野５─１
・電話　０１８７（88）８７０６
・開館時間　９：00〜17：00
・休館日　月曜日(祝日の場合は翌日)、年末年始
・入館料　一般３００円、高校生以下無料
・交通　ＪＲ大曲駅より車で約20分（約10キロ）。ＪＲ飯詰駅より車で約15分（約７キロ）

原始から現代までの美郷町の歴史や民俗を紹介する。払田柵跡にかかわる資料も展示されている。

美郷町歴史民俗資料館

遺跡には感動がある

――シリーズ「遺跡を学ぶ」刊行にあたって――

「遺跡には感動がある」。これが本企画のキーワードです。

あらためていうまでもなく、専門の研究者にとっては遺跡の発掘こそ考古学の基礎をなす基本的な手段です。また、はじめて考古学を学ぶ若い学生や一般の人びとにとって「遺跡は教室」です。

日本考古学では、もうかなり長期間にわたって、発掘・発見ブームが続いています。そして、毎年厖大な数の発掘調査報告書が、主として開発のための事前発掘を担当する埋蔵文化財行政機関や地方自治体などによって刊行されています。そこには専門研究者でさえ完全には把握できないほどの情報や記録が満ちあふれています。しかし、その遺跡の発掘によってどんな学問的成果が得られたのか、その遺跡やそこから出た文化財が古い時代の歴史を知るためにいかなる意義をもつのかなどといった点を、莫大な記述・記録の中から読みとることははなはだ困難です。ましてや、考古学に関心をもつ一般の社会人にとっては、刊行部数が少なく、数があっても高価なその報告書を手にすることすら、ほとんど困難といってよい状況です。

いま日本考古学は過多ともいえる資料と情報量の中で、考古学とはどんな学問か、また遺跡の発掘から何を求め、何を明らかにすべきかといった「哲学」と「指針」が必要な時期にいたっていると認識します。

本企画は「遺跡には感動がある」をキーワードとして、発掘の原点から考古学の本質を問い続ける試みとして、日本考古学が存続する限り、永く継続すべき企画と決意しています。いまや、考古学にすべての人びとの感動を引きつけることが、日本考古学の存立基盤を固めるために、欠かせない努力目標の一つです。必ずや研究者のみならず、多くの市民の共感をいただけるものと信じて疑いません。

二〇〇四年一月

戸沢充則

著者紹介

吉川耕太郎（よしかわ・こうたろう）

1973年、兵庫県生まれ。

明治大学大学院博士前期課程修了。

現在、秋田県埋蔵文化財センター副主幹（兼）調査班長。

主な著書　「秋田県払田柵跡の調査・整備・活用」『明日への文化財』第82号（文化財保存全国協議会）、「払田柵跡の概要と発掘調査成果」『第46回古代城柵官衙遺跡検討会「未発見城柵の調査研究の現状」』（古代城柵官衙遺跡検討会）、『北の縄文鉱山　上岩川遺跡群』（新泉社）、『縄文石器提要』（共著）（ニューサイエンス社）ほか。

写真提供（所蔵）
払田柵跡調査事務所：図1・3左（個人蔵）・4～6・13・14・16・19～21・23・24・26～29・31・32・34・36～39・41・46・48～52・54～57・62／大仙市：図3右・図43（半在家遺跡と水田跡）／秋田県埋蔵文化財センター：図42（厨川谷地遺跡と祭祀土坑）・53／国土地理院ウェブサイト（空中写真〈https://mapps.gsi.go.jp/maplibSearch.do#1〉）：図45右／雄勝城・駅家研究会：図63・64

図版出典・参考（一部改変）
図9：村田晃一2020 a／図10：国土地理院5万分1地形図「大曲」「六郷」／図11・12・15・18・21・25・30・33・35・40・47・60・コラム：払田柵跡調査事務所／図32：高橋学2016

上記以外は著者

シリーズ「遺跡を学ぶ」165

古代出羽国(でわのくに)の対蝦夷(えみし)拠点　払田柵跡(ほったのさくあと)

2024年 3月 15日　第1版第1刷発行

著　者＝吉川耕太郎
発　行＝新 泉 社
東京都文京区湯島1－2－5　聖堂前ビル
TEL 03（5296）9620 ／ FAX 03（5296）9621
印刷／三秀舎　製本／榎本製本

ISBN978－4－7877－2335－2　C1021

シリーズ「遺跡を学ぶ」

021
律令国家の対蝦夷政策 相馬の製鉄遺跡群〈改訂版〉
飯村 均 1700円+税

七世紀後半から九世紀にかけ、律令国家は蝦夷の激しい抵抗を受けながらも、東北支配を拡大していった。それを支えたのが国府多賀城の後背地、福島県相馬地方の鉄生産である。大量の武器・農耕具・仏具を供給するために推進された古代製鉄の全貌を明らかにする。

066
古代東北統治の拠点 多賀城
進藤秋輝 1500円+税

古代律令国家が奈良の都で確立するころ、北の広大な蝦夷の地に向き合って、仙台平野の要にあたる場所に多賀城が創建された。陸奥国府であるばかりでなく、東北地方全域の行政・軍事の中枢機関としての役割を担った多賀城の実像を、考古学的発掘調査から解明する。

083
北の縄文鉱山 上岩川遺跡群
吉川耕太郎 1500円+税

縄文時代の東北地方で、石器づくりの主要な原石材であった珪質頁岩（けいしつけつがん）。それを営々と掘りだし加工していた場所が、秋田県は八郎潟東側の里山でみつかった。縄文人の生活必需品であった石器の原石採掘と製作、交換ネットワークから縄文社会に迫る。

101
北のつわものの都 平泉
八重樫忠郎 1600円+税

平泉を語るうえで「北」と「つわもの（武士）」という言葉は欠かせない。平泉藤原氏は中央の貴族社会に入っていかず、北東北の入り口にあたる平泉に館を築き、中世都市をつくりあげた。ここは北のつわものたちの集大成、京都とは異なる北の都だったのである。

106
南相馬に躍動する古代の郡役所 泉官衙遺跡
藤木 海 1600円+税

東日本大震災で津波被害にあった福島県南相馬市には、古代の役所「行方郡衙（なめかたぐんが）」が置かれていた。戦乱・災害に激動する古代東北の地に、律令国家と地域社会を結ぶ要となり、産業振興に大きな役割を果たした郡役所の姿を追う。

新泉社